August Weismann

Über Leben und Tod

Eine biologische Untersuchung

August Weismann

Über Leben und Tod
Eine biologische Untersuchung

ISBN/EAN: 9783743633902

Hergestellt in Europa, USA, Kanada, Australien, Japan

Cover: Foto ©ninafisch / pixelio.de

Weitere Bücher finden Sie auf **www.hansebooks.com**

ÜBER
LEBEN UND TOD.

EINE BIOLOGISCHE UNTERSUCHUNG

VON

DR. AUGUST WEISMANN,
PROFESSOR IN FREIBURG I. BR.

ZWEITE AUFLAGE.

MIT ZWEI HOLZSCHNITTEN.

JENA.
VERLAG VON GUSTAV FISCHER.
1892.

Verlag von Gustav Fischer in Jena.

Weismann, Dr. Aug., Professor der Zoologie an der Universität Freiburg i. Br., **Ueber die Dauer des Lebens.** Vortrag gehalten in der zweiten allgemeinen Sitzung der 54. Versammlung deutscher Naturforscher und Aerzte in Salzburg am 21. Sept. 1881. 1882. Preis: 1 Mark 50 Pf.

—— **Ueber die Vererbung.** Ein Vortrag. Zweite Aufl. 1892. Preis: 1 M. 50 Pf.

—— **Die Kontinuität des Keimplasmas als Grundlage einer Theorie der Vererbung.** Zweite Auflage. 1892. Preis: 2 Mark 50 Pf.

—— **Die Bedeutung der sexuellen Fortpflanzung für die Selektionstheorie.** 1886. Preis: 2 Mark 50 Pf.

—— **Ueber die Zahl der Richtungskörper** und über ihre Bedeutung für die Vererbung. 1887. Preis: 1 Mark 50 Pf.

—— **Ueber die Hypothese einer Vererbung von Verletzungen.** Mit 2 Holzschnitten. 1889. Preis: 1 Mark 20 Pf.

—— **Amphimixis** oder **Die Vermischung der Individuen.** Mit 12 Abbildungen im Texte. 1891. Preis: 3 Mark 60 Pf.

Büsgen, Dr. M., Professor an der Universität Jena, **Der Honigthau.** Biologische Studien an Pflanzen und Pflanzenläusen. Mit 2 lithographischen Tafeln. 1891. Preis: 3 Mark.

Detmer, Dr. W., Professor an der Universität Jena, **Das pflanzenphysiologische Praktikum.** Anleitung zu pflanzenphysiologischen Untersuchungen für Studirende und Lehrer der Naturwissenschaften. Mit 131 Holzschnitten. 1888. Preis: broschirt 8 Mark, gebunden 9 Mark.

Dreyer, Dr. Friedrich, Jena, **Ziele und Wege biologischer Forschung,** beleuchtet an der Hand einer Gerüstbildungsmechanik. Mit 6 lithographischen Tafeln. Preis: 5 Mark.

Düsing, Dr. phil. Karl, **Die Regulierung des Geschlechtsverhältnisses** bei der Vermehrung der Menschen, Tiere und Pflanzen. Mit einer Vorrede von Dr. W. Preyer, o. ö. Professor der Physiologie und Direktor des physiologischen Instituts der Universität Jena. Preis: 6 Mark 50 Pf.

Eimer, Dr. G. H. Theodor, Professor der Zoologie und vergleichenden Anatomie zu Tübingen, **Die Entstehung der Arten** auf Grund von Vererben erworbener Eigenschaften nach den Gesetzen organischen Wachsens. Ein Beitrag zur einheitlichen Auffassung der Lebewelt. Erster Teil. Mit 6 Abbildungen im Text. Preis: 9 Mark.

Haeckel, Dr. Ernst, Professor an der Universität Jena, **Ursprung und Entwickelung der thierischen Gewebe.** 1884. Ein histogenetischer Beitrag zur Gastraea-Theorie. Preis: 2 M.

—— **Die Naturanschauung von Darwin, Goethe und Lamarck.** 1888. Preis: 1 Mark 50 Pf.

—— **Plankton-Studien.** Vergleichende Untersuchungen über die Bedeutung der Pelagischen Fauna und Flora. 1891. Preis: 2 Mark

ÜBER

LEBEN UND TOD.

EINE BIOLOGISCHE UNTERSUCHUNG

VON

DR. AUGUST WEISMANN,
PROFESSOR IN FREIBURG I. B.

ZWEITE AUFLAGE.

MIT ZWEI HOLZSCHNITTEN.

JENA.
VERLAG VON GUSTAV FISCHER.
1892.

VORWORT.

Vorliegende Untersuchung ist zuerst als akademisches Programm im Sommer dieses Jahres gedruckt worden, und zwar unter dem Titel: „Ueber die Ewigkeit des Lebens". Indem ich sie jetzt in erweiterter und vielfach verbesserter Form einem weiteren Kreise vorlege, habe ich zugleich einen Titel gewählt, der mir dem jetzigen Inhalt der Schrift besser zu entsprechen schien.

Der äussere Anstoss zu dieser „biologischen Untersuchung" wurde durch eine Brochüre von Götte gegeben, in welcher derselbe Ansichten entgegentritt, welche ich früher geäussert hatte. Wenn nun auch diese Entstehung der Schrift die Form einer Entgegnung aufgeprägt hat, so ist doch ihre Absicht nicht etwa blos, die gegnerischen Anschauungen zu widerlegen, sondern vielmehr an der Hand jener Einwürfe die Fragen selbst, um die es sich hier handelt, neu zu beleuchten, die früher schon ausgesprochenen Gedanken besser zu begründen, und womöglich tiefer in das Problem von Leben und Tod einzudringen.

Wenn dabei die Ansichten des Gegners einer scharfen Kritik unterzogen werden, so wird man doch anerkennen, dass dieselbe niemals als Zweck, sondern stets nur als Mittel auftritt, welches den Weg zu richtigerer Erkenntniss anbahnen soll.

Freiburg im Breisgau,
    18. October 1883.

Der Verfasser.

In einem auf der 54. Versammlung Deutscher Naturforscher und Aerzte zu Salzburg gehaltenen Vortrag „Ueber die Dauer des Lebens"[1]) suchte ich darzulegen, dass die Begrenztheit des einzelnen Individuums durch den Tod nicht — wie bis dahin angenommen worden war — eine unvermeidliche und im Wesen des Lebens selbst begründete Erscheinung sei, sondern vielmehr nur eine Zweckmässigkeits-Einrichtung, welche erst dann getroffen wurde, als die Organismen eine gewisse Complication ihres Baues erreichten, mit welcher sich ihre Unsterblichkeit nicht mehr vertrug. Ich wies darauf hin, dass man bei einzelligen Thieren von einem natürlichen Tod nicht reden könne, denn es liege in ihrer Entwickelung kein Abschluss, der dem Tode vergleichbar sei, und besonders sei die Entstehung neuer Individuen nicht mit dem Absterben der alten verbunden, vielmehr geschehe die Vermehrung durch Theilung, und zwar so, dass die beiden Theilstücke einander gleich seien, keines das ältere, keines das jüngere. So komme eine unendliche Reihe von Individuen zu Stande, deren jedes so alt ist, als die Art selbst, deren

---

[1]) Die betreffende Rede ist zuerst in den Verhandlungen der Salzburger Naturforscher-Versammlung abgedruckt, dann aber unter demselben Titel, vermehrt durch einen Anhang im Verlag von Gustav Fischer, Jena 1882 erschienen. Ich werde in Folgendem nur nach der letzteren Ausgabe, als der vollständigeren und verbreiteteren, citiren.

jedes die Fähigkeit in sich trägt, ins Unbegrenzte und unter steten neuen Theilungen weiter zu leben.

Dass den höheren Organismen, den Metazoën, diese Fähigkeit ewiger Dauer abhanden gekommen ist, schien mir auf ihrer Vielzelligkeit und auf der damit verbundenen Arbeitstheilung zwischen den Zellen ihres Körpers zu beruhen. Auch bei ihnen geschieht die Fortpflanzung durch Zelltheilung, aber nicht jede Zelle besitzt das Vermögen, den ganzen Organismus wieder von Neuem hervorzubringen; die Zellen des Gesammt-Organismus haben sich vielmehr in zwei wesentlich verschiedene Gruppen gesondert: in die propagatorischen oder Fortpflanzungszellen (Ei- und Samenzelle) und in die Zellen des Körpers im engeren Sinn (Soma), die somatischen Zellen. Nur auf die ersteren ist die Unsterblichkeit der einzelligen Organismen übergegangen, die letzteren müssen sterben, und da sie den eigentlichen Leib des Individuums ausmachen, so stirbt eben auch dieses.

Ich habe nun versucht, diese Thatsache als Anpassung an die allgemeinen Bedingungen des Lebens zu begreifen; mir schien „das Leben nicht desshalb auf ein bestimmtes Maass der Dauer gesetzt, weil es seiner Natur nach nicht unbegrenzt sein könnte, sondern weil eine unbegrenzte Dauer des Individuums ein ganz unzweckmässiger Luxus wäre." Bei den einzelligen Organismen war der natürliche Tod nicht möglich, weil Fortpflanzungszelle und Individuum noch ein und dasselbe waren, bei den vielzelligen Thieren wurde er möglich, und „wir sehen, dass er auch eingerichtet wurde".

Der natürliche Tod erschien mir als eine Anpassungserscheinung nach dem Princip der Nützlichkeit.

Diesen Ansichten, auf deren genauere Auseinanderlegung und Begründung ich noch zurückkommen werde, ist kürzlich Götte entgegengetreten[1]).

Nach Götte beruht der Tod nicht auf Zweckmässigkeit, sondern er ist eine im Wesen des Lebens von vornherein

---

[1]) „Ueber den Ursprung des Todes", Hamburg und Leipzig, 1883.

gelegene Nothwendigkeit, er findet sich desshalb auch nicht blos bei den vielzelligen Thieren, den Metazoën, sondern auch bei den einzelligen, und zwar ist es der Process der Encystirung, in welchem bei diesen der Tod des Individuums erkannt werden muss. Dieser ist ein „Verjüngungsprocess", der nach kürzeren oder längeren Perioden die Vermehrung durch Theilung unterbricht, und der in einer Auflösung der specifischen Structur des Individuums, in einer Rückbildung desselben zu einer dem Eidotter vergleichbaren organischen, aber nicht lebendigen Masse besteht, um sodann wieder vermöge der in ihm enthaltenen Spannkräfte und der der bestimmten Zusammensetzung der Masse innewohnenden Bildungsgesetze zu einem neuen Individuum derselben Art zu werden. Dieser „Verjüngungsprocess" einzelliger Wesen entspricht der Keimbildung der höheren Organismen, und das in ihm enthaltene Todes-Moment wurde durch Vererbung auf die Metazoën übertragen. Der Tod der Metazoën ist also nichts Neues, sondern eine uralte Einrichtung, welche „bis auf die erste Entstehung der organischen Wesen zurückgeht" (p. 81).

Man sieht schon aus diesem kurzen Résumé, dass die Götte'sche Ansicht der meinigen durchaus entgegengesetzt ist. Da nun nur eine von ihnen die wenigstens in den Grundzügen richtige sein kann, so lohnt es sich wohl, sie gegeneinander abzuwägen. Können wir auch nicht hoffen, über die letzten physiologischen Vorgänge, welche die Träger von Tod und Leben sind, zur Zeit ins Klare zu kommen, so scheint es mir doch recht wohl möglich, über die allgemeineren Ursachen dieser Erscheinungen auch jetzt schon zu einer bestimmten Entscheidung zu gelangen; jedenfalls sind die vorliegenden Thatsachen noch nicht so vollständig durchgedacht, dass es nicht von Nutzen sein könnte, sie noch einmal einer Prüfung zu unterziehen.

„Was haben wir unter Tod zu verstehen", ist in der That die erste Frage, welche zu unterscheiden ist, ehe man über den „Ursprung des Todes" reden kann. Götte sagt, „dass wir nicht im Stande sind, diesen allgemeinen

Ausdruck ganz bestimmt und bis ins Einzelne zu erläutern, weil sich der Moment des Todes, oder vielleicht richtiger gesagt, der Moment, wann der Tod vollendet ist, in keinem Fall ganz genau angeben lässt. Wir können nur sagen, dass in dem uns bekannten Tode der höheren Thiere zuerst alle Erscheinungen, welche das Leben des betreffenden Individuums zum Ausdruck brachten, aufhören, und dass in weiterer Folge auch alle den todten Organismus zusammensetzenden Zellen und Gewebselemente absterben, der Auflösung in ihre organischen Bestandtheile anheimfallen."

Diese Definition könnte nun auch, wie mir scheint, genügen, wenn sie nicht das zu Definirende bereits in sich einschlösse; sie nimmt aber vorweg, dass unter dem „todten Organismus" ein solcher zu verstehen sei, dessen Gesammt-Lebensleistungen zwar erloschen sind, dessen einzelne Zellen und sonstigen Theile aber noch lebendig sein können. Diese Ansicht wird denn auch später noch genauer begründet, und es ist ja auch in der That keinem Zweifel unterworfen, dass das Aufhören der Lebensthätigkeit des ganzen Metazoën-Organismus selten sofort auch mit dem Einstellen der Lebensfunctionen aller seiner Constituanten verbunden ist. Es fragt sich nur, ob es richtig oder nützlich ist, den Begriff des Todes auf das Aufhören der Gesammtleistungen des Organismus einzuschränken. Gewiss haben wir den Begriff des Todes nur von den höheren Organismen entnommen, und insofern könnte demselben eine Einseitigkeit anhaften, die erst durch genauere wissenschaftliche Vergleichung der etwa entsprechenden Erscheinung bei einzelligen Organismen beseitigt und zu einer umfassenderen Definition erweitert werden müsste. Ohne Zweifel hat die Wissenschaft das Recht, populäre Namen und Begriffe sich anzueignen, und auf Grund tieferer Einsicht zu erweitern oder auch enger einzugrenzen. Allein es sollte dies immer mit Beibehaltung des Grundbegriffes geschehen, nicht aber so, dass schliesslich ganz etwas Neues und Fremdes daraus wird. Der Begriff des Todes, wie er sich von der Beobachtung der höheren Thiere her in allen Sprachen in voller Uebereinstimmung gebildet hat, bezeichnet aber nicht blos das Aufhören der Lebensäusserungen des Gesammtorganismus, sondern zugleich auch das Aufhören des Lebens in seinen einzelnen Theilen, wie es sich durch die Unmöglichkeit einer Wiederbelebung kund gibt. Der „postmortale Zellentod" gehört mit zum Tod, und hat dazu gehört, lange ehe man sich in der Wissenschaft bewusst wurde, dass der Organismus aus einer Menge kleinster Lebensherde zusammengesetzt ist, deren Lebensäusserungen theilweise um einige Zeit die des Gesammtorganismus überdauern können. Gerade die Unfähigkeit, die Gesammterscheinungen des Lebens wieder von Neuem zu beginnen, ist der Punkt, welcher den wirklichen Tod vom blossen Stillstand des Lebens, dem „Scheintod", unterscheidet, und diese Unfähigkeit hängt eben davon ab, dass der Tod der Zellen und Gewebe dem Aufhören der Gesammterscheinungen des Lebens nachfolgt. Ich würde desshalb den Tod als denjenigen Stillstand des Lebens bezeichnen, dem eine Wiederaufnahme des Lebens, sei es im Ganzen, sei es in einzelnen Theilen, auf die Dauer nicht nachfolgen kann, oder auch kurz als: definitiven Stillstand des Lebens, und ich würde glauben, damit genau das Wesentliche des Begriffes getroffen zu haben, den die Sprache bisher mit dem Worte „Tod" verband. Es ist dabei zunächst ganz gleichgültig, welche Vorgänge diesen Zustand herbeiführen, ob er in allen Theilen gleichzeitig oder successive, ob er langsamer oder schneller eintritt. Es ist auch für den Begriff selbst ganz gleichgültig, ob wir im einzelnen Falle im Stande sind, zu sagen, ob er schon eingetreten ist oder nicht, der Zustand selbst, den wir mit Tod bezeichnen, ist darum nicht weniger scharf und bestimmt begrenzt. Mag die Raupe von Euprepia flavia, welche im Eise eingefroren ist, auch zuerst für todt gehalten werden; wenn sie nach dem Aufthauen wieder weiter lebt und einen Schmetterling liefert, wird man sagen: sie war nur scheintodt, das Leben stand nur einige Zeit still, es war aber nicht ein für allemal aufgehoben. Den unwiderbringlichen Verlust des Lebens eines Organismus, diesen allein nennen wir Tod, und daran sollten wir meines Erachtens festhalten, damit uns nicht der Begriff unter den Händen entschlüpft und werthlos wird, weil wir nicht mehr wissen, was wir damit meinen.

In diese Gefahr aber geräth man, wenn man den „postmortalen Zellentod" als eine Erscheinung ansieht, die den Tod zwar begleiten, die aber auch fehlen kann. Man könnte sich ja allerdings einen künstlichen Versuch ausdenken, in welchem ein Theil eines bereits getödteten Thieres, etwa der Kamm eines Hahnes, vor dem Eintritt des Zellentodes auf ein anderes lebendes Thier transplantirt, dort weiterlebte und so den Beweis führte, dass ein Weiterleben einzelner Theile doch möglich sei, auch bei Eintritt des wirklichen, auch von mir anerkannten Todes; allein man wird dem auch entgegenhalten dürfen, dass der betreffende Kamm dann einen Theil eines anderen Organismus bildet und dass es kaum der Mühe lohne, in die Definition des Todes noch eine Klausel zu bringen, die diesen Fall mit einschlösse. Denselben Einwurf könnte man ja auch machen, wenn die Transplantation schon am Tage vor dem Tode des Hahnes, oder auch ein Jahr früher gemacht worden wäre.

Götte irrt entschieden, wenn er glaubt, dass die Bildung des Todbegriffes von dem „Stillstand des individuellen Gesammtlebens" ausging, ohne zugleich auch den des **definitiven** Stillstandes, den Ausschluss der Möglichkeit einer Wiederaufnahme des Lebens in sich zu fassen. Die „Verwesung" gehört allerdings nicht ganz nothwendig dazu, insofern ja auch ein Austrocknen [1]) oder ein dauerndes Einfrieren im sibirischen Eis (Mammuth), oder das Verdautwerden im Magen eines Raubthiers mit in den Bereich der Möglichkeit gehört; **aber der Begriff der Leiche ist allerdings mit dem des Todes unzertrennlich verbunden**, und ich muss es auch heute noch für ganz berechtigt halten, wenn

---

[1]) Die Leichen der Mönche auf dem grossen St. Bernhard, oder die getrockneten Leichen in dem bekannten Palermitaner Capuziner-Kloster.

ich den Unterschied zwischen der Theilung eines Infusoriums in zwei Tochterthiere und dem Tode eines Metazoon mit Hinterlassung von Jungen dadurch zum Bewusstsein zu bringen suchte, dass ich das Fehlen einer Leiche beim Theilungsprocess des Infusoriums besonders betonte[1]). Dass dieselbe organisirte Masse, welche vorher die Erscheinungen des Lebens hervorbrachte, sie jetzt nicht mehr hervorbringt und niemals mehr hervorbringen wird, das macht den Tod aus, nur dies hat man bisher unter Tod verstanden und nur von dieser Begriffsfassung können wir ausgehen, wenn wir nicht allen festen Boden unter den Füssen verlieren wollen.

Ob nun dieser von den höheren Thieren entnommene Begriff sich unverändert auf die niederen übertragen lässt, oder ob dort Erscheinungen vorkommen, die dem Tod der höheren Thiere offenbar homolog, dennoch aber nach irgend einer Richtung von ihm verschieden sind und somit eine genauere Eingrenzung des Begriffes erfordern, das wäre jetzt zu untersuchen.

Götte findet in dem bei vielen einzelligen Wesen (Monoplastiden) nachgewiesenen **Encystirungsprocess** das Analogon des Todes. Das betreffende Individuum gehe hierbei nicht nur eine Art Winterschlaf, eine Periode latenten Lebens ein, sondern es verliere, wenn es sich mit der Cyste umgebe, seine bisherige specifische Organisation, werde eine „homogene Masse" und stelle nun einen „Keim" dar, aus dem erst wieder durch einen Entwicklungsprocess ein neues Individuum derselben Art hervorgehen könne. Die Theilung des Cysteninhaltes, also die damit verbundene Vermehrung, sei secundärer Natur, das Wesentliche aber an dem Vorgang sei die „Verjüngung" des Individuums. Diese selbst aber bestehe nicht etwa blos in einer Umgestaltung des alten Individuums, sondern **in dem Absterben des alten und der Neubildung eines anderen Individuums:** „Das Mutterthier und seine Nachkommen sind zwei aufeinander folgende Lebens-

---

[1]) Siehe weiter unten.

zustände derselben Substanz, getrennt und zugleich verbunden durch den dazwischenliegenden Verjüngungszustand" (p. 79); eine „absolute Continuität des Lebens" besteht nicht, nur die todte organische Substanz vermittelt den Zusammenhang und die „Identität derselben sichert die Vererbung".

In der Encystirung eine Aufhebung des Lebens zu sehen, ist gewiss kein naheliegender Gedanke, und es fragt sich, was man dafür anführen kann. Nichts Anderes als die Rückbildung der specifischen Organisation bis zu einem gewissen Punkt und das Aufhören der sichtbaren äussern Lebenserscheinungen, der Nahrungsaufnahme und Bewegung. Hält es aber Götte wirklich für eine „unzutreffende" Deutung, wenn man annimmt, dass trotzdem eine vita minima in der vereinfachten Protoplasma-Masse andauere? und bedarf es durchaus hier der mystischen Deutung eines in sich unklaren „Verjüngungsvorgangs"? Sollte wirklich der Sauerstoff der im Wasser enthaltenen Luft nun nicht mehr auf dieselbe organische Substanz einwirken, deren Leben er vorher bedingte und deren Verwesung er jetzt einleiten würde, wäre sie wirklich todt?

Auch ich bin der Meinung, dass die Theilungen des Cysteninhaltes etwas Secundäres sind, die Einkapselung selbst aber ohne nachfolgende Vermehrung das Ursprüngliche und Wesentliche des Vorgangs. Daraus folgt aber gewiss nicht, dass die Encystirung als ein „Verjüngungsprocess" aufgefasst werden müsste. Was kann denn hier überhaupt „verjüngt" werden? Die Substanz des Thieres nicht, denn zu dieser kommt Nichts hinzu, und folglich kann auch neue Kraft nicht hinzukommen, ja nicht einmal die Kraftform kann verändert werden, weil eben die Form der Materie nach dem Verlassen der Cyste wieder genau dieselbe ist, die sie vorher war. Ganz etwas Anderes ist es mit der Conjugation, bei welcher man auch von einem Verjüngungsprocess gesprochen hat. Hier kann davon in gewissem Sinne sehr wohl die Rede sein, denn hier findet eine Vermischung der Substanz zweier Individuen in grösserem oder geringerem Betrage statt, die Materie, aus der das einzelne Individuum besteht, wird also thatsächlich verändert. Bei der blossen Encystirung dagegen liesse sich eine „Verjüngung" nur etwa im Sinne der Fabel vom Vogel Phönix denken, der sich verbrennt, wenn er alt geworden, um dann aus der Asche wieder neu zu erstehen. Ob diese Idee sich aber auf irgend eine Weise mit der heutigen Physiologie, oder dem Gesetz von der Erhaltung der Kraft in Einklang bringen liesse, möchte ich bezweifeln. Ein altes Haus, dessen Balken morsch, dessen Mauern bröcklig geworden sind, kann man wohl einreissen, aber es aus demselben Material wieder besser aufzubauen, dürfte schwerlich gelingen, selbst wenn man neuen Mörtel, — hier Wasser und Sauerstoff hinzunimmt. Mir erscheint desshalb der „Verjüngungsprocess" des encystirten Individuums nicht als eine physiologische Vorstellung.

Viel einfacher und natürlicher — allerdings aber auch viel „näher liegend" — würde es mir vorkommen, wenn man in der Encystirung eine Schutzeinrichtung sehen wollte, deren ursprünglichste Bestimmung einfach die war, einen Theil der Individuen einer Colonie vor dem Untergang durch Eintrocknen oder Erfrieren zu schützen, oder in andern Fällen auch die Fortpflanzung durch Theilung, während derer das Individuum unbehülflicher und feindlichen Angriffen leichter preisgegeben ist, zu schützen oder noch in anderer Weise einen Vortheil zu sichern[1]). Gerade der von Götte angeführte Fall des Actinosphærium zeigt ja recht deutlich, dass es sich dabei jedenfalls nicht nur um eine „Verjüngung" des Individuums handeln kann, da diese doch wohl kaum sechs Monate Zeit beanspruchen würde; diese lange Dauer latenten Lebens vom Sommer bis in das nächste Frühjahr weist wohl

---

[1]) Herr Professor Gruber theilt mir mit, dass er im Hafen von Genua ein neues Infusorium beobachtet habe, welches die Gewohnheit zeigte, sich an einer rasch schwimmenden Copepoden-Art zu encystiren; oft fand er bis zu 10 Cysten an einem dieser Copepoden und beobachtete das Ausschlüpfen ihrer Insassen, wenn das Wasser unter dem Deckgläschen anfing schlecht zu werden. Hier mag also der Vortheil der Encystirung in dem Transport der Cysten durch den Ruderfüssler liegen. Die betreffende Beobachtung wird später genauer veröffentlicht werden.

recht nachdrücklich darauf hin, dass es sich zunächst darum handelte, das Leben der Art über die Wechselfälle einer ungünstigeren Jahreszeit hin zu erhalten[1]).

Wenn dabei die specifische Organisation bis zu einem gewissen Grade rückgebildet wird, so beruht das theilweise gewiss lediglich auf dem Bestreben nach Raumersparniss — die Pseudopodien werden eingezogen, die Alveolen schrumpfen und schwinden völlig —, theilweise vielleicht auch auf der Ausscheidung der Cyste selbst, die doch immerhin einen gewissen Substanzverlust setzt[2]) —, theilweise, und

---

[1]) Mit der hier vertretenen Auffassung des Encystirungs-Processes stimmen die Ansichten hervorragender Protozoen-Forscher im Wesentlichen überein. So sagt Bütschli (Bronn's „Klassen und Ordnungen des Thierreichs, Protozoa", p. 148): Der Encystirungsprocess „scheint ursprünglich nicht in direktem Zusammenhang mit der Vermehrung gestanden zu haben. Es scheint im Gegentheil ursprünglich, wie dies auch jetzt thatsächlich noch häufig der Fall ist, entweder zum Schutz des Organismus gegen äussere schädliche Einflüsse, wie Austrocknung oder faulige Verderbniss des Wassers, entstanden zu sein, andererseits jedoch auch, um nach reichlicher Nahrungsaufnahme gewissermassen in ungestörter Ruhe die aufgenommene Nahrung assimiliren zu können." Balbiani (Journ. de Micrographie, Tom. V, 1881, p. 293) sagt in Bezug auf die Infusorien: „un petit nombre d'espèces, au lieu de se multiplier à l'état de vie active, se reproduisent dans une sorte d'état de repos, dit état d'enkystement. Ces sortes de kystes peuvent être désignés sous le nom de kystes de reproduction, par opposition avec d'autres kystes, dans lesquels les Infusoires se renferment pour se soustraire à des conditions devenues défavorables du milieu qu'ils habitent, le manque d'air, le dessèchement etc. — ceux-ci sont des kystes de conservation ......"

[2]) Dieses ist auch insofern von Bedeutung, als es das einzelne Individuum zur Encystirung zwingen kann, auch wenn die augenblicklich herrschenden äussern Lebensbedingungen dazu keine Veranlassung geben. Die Substanz, welche z. B. ein Actinosphaerium zur Ausscheidung seiner dicken Kieselcyste verwendet, muss sich allmälig in ihm angesammelt haben, vermöge der bei dieser Art einmal getroffenen Einrichtung. Man wird aber kaum irren, wenn man annimmt, dass die im Organismus aufgespeicherte Kieselsäure nicht bis zu jedem beliebigen Quantum anwachsen kann ohne Schädigung der sonstigen Lebensvorgänge, dass vielmehr die Ausscheidung einer Cyste erfolgen muss, sobald diese Anhäufung einen bestimmten Grad erreicht hat. So erklärt es sich, wenn Encystirung

wohl zum grössten Theil aber darauf, **dass die Encystirung von einer Vermehrung durch Theilung begleitet wird**, deren Einleitung mit einer Vereinfachung der Organisation, nämlich mit einer Verschmelzung der in der Vielzahl vorhandenen Kerne nothwendig verbunden zu sein scheint. Nachgewiesenermaassen kommen bei vielen einzelligen Thieren mehrere bis viele Kerne vor, oder wie man auch sagen kann: die Kernsubstanz vertheilt sich in Gestalt kleinerer Stücke durch den ganzen Zellkörper hindurch. Sobald aber das Thier sich zur Theilung anschickt, verschmelzen diese Kernstücke zu einem einheitlichen Kern, und dieser theilt sich dann bei der Theilung des Thiers in zwei gleiche Hälften. Es lässt sich auch einsehen, dass nur auf diesem Wege eine gleiche Theilung der gesammten Kernmasse ausführbar war.

Uebrigens gibt es zahlreiche Fälle, welche beweisen, dass das encystirte Thier genau dieselbe Structur und Differenzirung seiner Körpermasse behalten kann, die es vorher hatte, und zwar während der ganzen Dauer des Encytirungsprocesses. Dahin gehört z. B. das von Gruber beschriebene[1]) grosse Infusorium Tillina magna, welches die charakteristische Structur seiner Rindensubstanz, sowie die ganze übrige Organisation durch die dünne Cyste hindurch zu jeder Zeit erkennen lässt. Nicht einmal die Bewegung hört auf, vielmehr rotirt das eingekapselte Thier, und später seine zwei oder vier Theilsprösslinge in der engen Cyste lebhaft umher. Hier kann also nicht entfernt davon die Rede sein, dass „jedes Merkmal der vorher bestandenen Organisation verloren gegangen sei" (Götte p. 62)[2]).

---

nicht selten auch dann erfolgt, wenn ein äusserlicher Zwang dazu nicht vorliegt, gerade wie gewisse pfützenbewohnende Krebschen (z. B. Moina) in einer bestimmten Generation Dauereier hervorbringen, auch wenn man sie im Zimmer züchtet und vor Kälte, wie vor Austrocknung schützt.

[1]) Zeitschr. f. wiss. Zool. Bd. 33 Taf. 26 Fig. 19—22.

[2]) Aber auch für Actinosphaerium, auf welches sich Götte hauptsächlich stützt, ist dies nicht erwiesen, vielmehr deuten alle Beobachtungen, die bis jetzt vorliegen, darauf hin, dass das Thier sich einfach auf das

Ich muss desshalb entschieden bestreiten, dass ein encystirtes Individuum im Götte'schen Sinne ein „Keim" ist, d. h. eine noch unorganisirte organische Masse, welche erst durch einen Entwicklungsprocess zu einem ausgebildeten Individuum werden kann; ich sehe in ihm nichts Anderes, als ein mit Schutzhülle versehenes Individuum, dessen Bau in Anpassung an den engen Raum und die etwa bevorstehende Vermehrung durch Theilung mehr oder weniger vereinfacht, dessen actives Leben auf eine vita minima, zuweilen vielleicht auch (beim Einfrieren etc.) auf einen gänzlichen Stillstand reducirt ist.

Dass dieser Zustand in keinem Momente dem entspricht, was ich und mit mir die ganze Menschheit unter Tod verstehe, ergibt sich aus der obigen Definition von selbst, da eben hier **ein und dasselbe** Wesen zuerst scheinbar todt und dann wieder lebendig ist, da hier ein Ruhe-Zustand vorliegt, aus dem das Leben wieder hervorgeht, möchte es selbst erwiesen sein, dass dasselbe wirklich regelmässig eine Zeit lang suspendirt ist. Von einem solchen Beweis ist aber bis jetzt Nichts erbracht worden, und auch Götte ist wohl lediglich durch theoretische Motive dazu bestimmt worden, einen „Tod" da eingeschaltet zu erkennen, wo das unbefangene Auge nur eine Ruhepause des Lebens zu erkennen vermag. Offenbar vergisst er dabei ganz, dass seine Deutung einer Controle unterzogen werden kann, **indem ja alle einzelligen Wesen doch auch wirklich sterben können**; man kann sie künstlich tödten, durch Kochen etwa, und ihr Körper ist dann **wirklich todt** und kann nicht wieder erweckt werden. Dieser Zustand des Organismus muss sich materiell, d. h. chemisch und physikalisch, unterscheiden vom encystirten Zustand, wenn wir auch die Unterschiede noch nicht im Speciellen anzugeben im Stande

---

möglichst kleine Volum zusammenzieht. Vergleiche: F. E. Schulze, „Rhizopodenstudien", I, Arch. f. mikr. Anat. Bd. 10, p. 328, und Karl Brandt, „Ueber Actinosphaerium Eichhornii", Inaug.-Diss. Halle 1877.

sind, denn unter gleichen äussern Bedingungen entsteht aus beiden Zuständen Verschiedenes. Das encystirte Thier, in frisches Wasser gebracht, ergibt ein lebendes Individuum, das durch Kochen getödtete aber die Zersetzung der todten organischen Masse durch Fäulniss. Es kann aber nicht gestattet sein, zwei so gänzlich verschiedene Zustände mit demselben Namen zu belegen. Es gibt nur **einen Tod**, dessen Erscheinung überall die gleiche sein muss, wenn auch seine Ursachen sehr verschieden sein können. Wenn aber der encystirte Zustand nicht identisch ist mit dem wirklichen Tod, wie wir ihn künstlich hervorrufen können, dann gibt es eben bei den einzelligen Organismen einen Tod aus innern Ursachen, einen „natürlichen Tod", überhaupt nicht.

Damit wäre nun eigentlich die ganze Götte'sche Anschauung widerlegt, welche eben darauf beruht, dass der natürliche Tod schon bei den Monoplastiden vorhanden ist; mit dem Nachweis des Gegentheils wird der weitere Gedankengang hinfällig. Es ist aber trotzdem von Interesse, diesem noch weiter zu folgen, da er auf Vieles führt, was der ferneren Besprechung durchaus werth ist.

Zunächst die Frage, wie der Tod der Monoplastiden[1]) sich auf die Polyplastiden übertragen hat, wie es nach Götte geschehen sein soll. Sehen wir einstweilen ganz davon ab, dass die Auffassung des Encystirungsprocesses als Tod nicht anerkannt werden kann, so darf doch immerhin darnach gefragt werden, ob der Tod der Polyplastiden etwa an der Stelle der Encystirung auftritt, oder, falls dies nicht so sein sollte, ob sonst ein dem Encystirungsprocess vergleichbarer Vorgang bei den Polyplastiden vorkommt.

Nach Götte ist der Tod stets an die Fortpflanzung geknüpft, er ist eine Folge derselben sowohl bei den Protozoën,

---

[1]) Die Begriffe der Protozoën und Metazoën decken sich bekanntlich nicht genau mit denen der einzelligen und vielzelligen Wesen, für welche Götte den Namen der Mono- und Polyplastiden vorschlägt.

als bei den Metazoën, die Fortpflanzung hat nach seiner Ansicht geradezu eine „lethale Wirkung", das sich fortpflanzende Individuum muss sterben. So stirbt die Eintagsfliege, der Schmetterling, nachdem er seine Eier abgesetzt, das Bienenmännchen unmittelbar nach der Begattung, so stirbt die Orthonectide, nachdem sie ihre Keimzellen entleert hat, und die Magosphaera löst sich in Keimzellen auf, so dass Nichts mehr von ihr übrig bleibt, als diese einzelnen Bausteine. Von hier ist es dann nur noch ein Schritt zu den einzelligen Organismen, welche sich als Ganzes in den Keim verwandeln müssen und dazu vorher jenen „Verjüngungsprocess" eingehen, der eben als Tod gedeutet wird.

Diese Ansichten enthalten mehrfache Trugschlüsse, ganz abgesehen von der Richtigkeit oder Unrichtigkeit ihrer einzelnen Stützpunkte. Nach Götte ist der Encystirungsprocess die eigentliche Fortpflanzung der Monoplastiden, zu der nur secundär erst die Vermehrung durch Theilung hinzukommt und welche nicht entbehrt werden kann, sondern aus tief liegenden innern Gründen immer wieder die blosse Vermehrung durch Theilung unterbrechen muss. Nun ist aber andrerseits nach Götte die Theilung des Cysteninhalts ebenfalls erst ein secundärer Vorgang, das Ursprüngliche der Encystirung aber die blosse „Verjüngung" ohne Vermehrung. So werden wir denn also zu einem Anfangszustand geführt, in welchem die freie Theilung sowohl, als die Theilung des encystirten Individuums noch fehlte, die Fortpflanzung also lediglich in einer stets sich wiederholenden „Verjüngung" der einmal vorhandenen Individuen ohne Vermehrung bestand. Ein solcher Zustand ist nicht denkbar, weil er mit dem raschesten Untergang der Art verbunden sein müsste, und die ganze Ueberlegung zeigt uns recht deutlich, **dass die Theilung der frei lebenden Individuen nothwendiger Weise von Anfang an vorhanden gewesen sein muss, dass also auch sie und nicht der mystische „Verjüngungsprocess" die eigentliche und ursprüngliche Fortpflanzung der Monoplastiden von jeher** gewesen ist. Gerade der Umstand aber, dass die Encystirung nicht immer mit Theilung des Cysteninhalts verbunden ist, beweist, wie mir scheint, dass die Fortpflanzung nicht das Primäre dabei war, sondern die Sicherung gegen äussere Schädlichkeiten. Es kann sehr wohl sein, dass heute wenige Monoplastiden noch eine unbegrenzte Zahl von Theilungen hintereinander ausführen können, dass vielmehr immer wieder ein Ruhezustand mit Cystenbildung dazwischen tritt, obgleich das ja auch bis jetzt noch keineswegs für alle Arten[1] erwiesen ist. Aber es ist durchaus irrig, daraus auf eine innere Nothwendigkeit der Encystirung im Sinne eines „Verjüngungsvorgangs" schliessen zu wollen. Die Annahme liegt vielmehr sehr viel näher, dass — wie oben schon angedeutet wurde — hier Anpassungen an den steten Wechsel der Lebensbedingungen, an das Eintrocknen und Einfrieren, vielleicht auch an den in Folge von Uebervölkerung eintretenden Nahrungsmangel an kleinsten Wohnbezirken vorliegen, ganz so, wie bei gewissen niedern Krebsen, den Daphniden, die Ephippien, jene Schutzhüllen der Dauereier, auch immer nach einer bestimmten Zahl von Generationen von Neuem gebildet werden, bei den mit Austrocknung bedrohten Pfützenbewohnern schon bald nach der Gründung einer Colonie, bei den Bewohnern der nie austrocknenden Seeen aber nur einmal im Jahre, vor Eintritt des Winters. Hier fällt es Niemandem ein, hinter dieser periodisch in gewissen Generationen eintretenden Hüllenbildung der Eier irgend etwas Anderes zu vermuthen, als eben eine Anpassung an den Wechsel der Lebensbedingungen.

Wenn also auch der „Verjüngungsvorgang" der Monoplastiden mit Recht dem Tode der höheren Thiere gleichgesetzt werden könnte, so dürfte doch daraus nicht

---

[1] In der Klasse der Rhizopoden kennt man bis jetzt die Encystirung nur von Süsswasser-Formen, nicht aber bei einer der viel zahlreicheren beschalten Formen des Meeres (vgl. Bütschli, Protozoa, p. 148); die marinen Rhizopoden sind eben dem Austrocknen und Einfrieren nicht ausgesetzt, und damit fallen gerade die stärksten Motive zur Einrichtung eines Encystirungsprocesses wenigstens für die beschalten Arten weg.

abgeleitet werden, dass er aus der Fortpflanzung hervorgehe, denn die Encystirung ist an und für sich noch keine Fortpflanzung, sie wird erst dann zu einer Form der Fortpflanzung, wenn sie sich mit der Theilung des encystirten Thieres verbindet, die freie Theilung ist die ursprüngliche und eigentliche, und auch jetzt noch die hauptsächlichste und fundamentale Form der Fortpflanzung.

So ist denn bei den Monoplastiden die Fortpflanzung nicht mit dem Tode verknüpft, selbst wenn man der Götte'-schen Ansicht zustimmen und in der Encystirung einen Tod sehen wollte. Auf die Beziehung des Todes zur Fortpflanzung bei den Metazoën komme ich später zurück, hier fragt es sich zunächst, ob die Encystirung, wenn sie auch kein Tod ist, doch ihr Homologon in der höheren Thierwelt hat, und weiter, ob der Tod dort dieselbe Stelle in der Entwicklung einnimmt, wie hier die Encystirung.

Bei den höheren Metazoën kann über das, was man Tod nennen muss, kein Zweifel sein; nicht so selbstverständlich aber ist hier das Objekt des natürlichen Todes, bei dessen Definition man mit der populären Vorstellung nicht auskommt. Es ist nöthig, hier zu unterscheiden zwischen der sterblichen und der unsterblichen Hälfte des Individuums, dem Körper (Soma) im engeren Sinne und den Keimzellen; nur der erstere ist dem natürlichen Tode unterworfen, die Keimzellen aber sind potentia unsterblich, insofern sie im Stande sind, unter gewissen günstigen Bedingungen sich zu einem neuen Individuum zu entwickeln, oder anders ausgedrückt, sich mit einem neuen Soma zu umgeben [1]).

---

[1]) Man wird hier nicht einwenden wollen, die Keimzellen könnten desshalb nicht als unsterblich gelten, weil sie ja beim natürlichen Tode des Individuums nicht selten in grösserer Zahl mit zu Grunde gehen. Die Bedingungen, unter welchen allein eine Keimzelle von ihrem Anrecht auf Unsterblichkeit Gebrauch machen kann, sind eben ganz bestimmte und meist nicht leicht erfüllbare (Befruchtung u. s. w.). Gerade darauf beruht es, dass die Keimzellen stets in grosser Ueberzahl hervorgebracht werden müssen, wenn die erforderliche Anzahl von Nachkommen einer Art ge-

Wie verhält es sich aber bei den niedrigsten Polyplastiden, bei welchen ein Gegensatz zwischen Körper- und Keimzellen noch nicht besteht? bei welchen jede Zelle, welche den vielzelligen Körper, die Zellencolonie, zusammensetzt, noch alle thierischen Funktionen, also auch die der Fortpflanzung von den Monoplastiden her beibehalten hat?

Nach Götte besteht der natürliche Tod dieser von ihm als „Homoplastiden" passend bezeichneten Wesen in der „Auflösung des Zellverbandes". Dies wird an Häckel's Magosphæra planula erläutert, jener einschichtigen Kugel von Geisselzellen, die in eine gemeinsame Gallerte eingebettet im Meere umherschwimmt. Diese ist jedoch noch kein „vollkommenes oder eigentliches Polyplastid zu nennen, da ihre zelligen Elemente sich zu einer gewissen Zeit von einander lösen und dann im Zustand monoplastider Urthiere selbständig weiterleben". Als freie Amöben wachsen sie bedeutend heran und encystiren sich dann, um endlich innerhalb der Cyste eine fortgesetzte Zweitheilung, eine Art von Furchungsprocess, durchzumachen, dessen Resultat die flimmernde Zellenkugel ist, von welcher wir ausgingen. In der That ist die Magosphæra kein vollkommenes Polyplastid, sondern eine Zwischenform zwischen Poly- und Monoplastiden, wie denn auch ihr Entdecker der Thiergruppe, welche durch sie repräsentirt wird, die Bezeichnung der „Vermittler", „Catallacta" gegeben hat.

Nach Götte's Anschauung liegt nun bei dieser **wirklichen** Magosphæra der natürliche Tod noch, wie bei den ächten Einzelligen, in dem Verjüngungsprocess der Encystirung; die Auflösung der Flimmerkugel in ihre einzelnen Zellen „kann mit dem natürlichen Tod nicht identisch sein. Beweist doch diese regelmässige Trennung der Magosphæra-Zellen von einander, dass ihre Individualität noch nicht völlig auf den ganzen

---

sichert sein soll. Wenn beim natürlichen Tod des Individuums mitunter auch Keimzellen mitsterben müssen, so spielt hier der natürliche Tod des Soma für die Keimzellen die Rolle einer accidentellen Todesursache.

Verband übergegangen, dieser noch nicht völlig individualisirt ist". (p. 78.)

Dagegen ist Nichts zu sagen, sobald man sich einmal auf den Standpunkt stellt, in der Encystirung der Monoplastiden einen Tod zu sehen. Nun wird man aber, wie Götte richtig bemerkt, die niedersten Formen der wirklichen

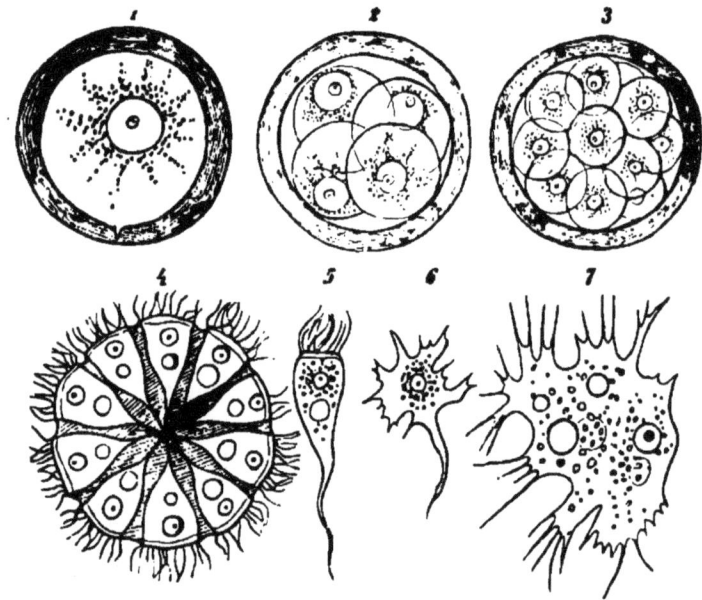

Entwicklung der Magosphæra planula, frei nach Häckel.
1. Encystirte Amöbenform. 2. und 3. Theilungsstadien derselben. 4. Ausgeschlüpfte Flimmerkugel, deren Zellen durch Gallertmasse verbunden sind. 5. Eine der durch Zerfall der Flimmerkugel frei gewordenen Flimmerzellen. 6. Deren Umwandlung zur Amöbenform. 7. Dieselbe mehr herangewachsen.

Polyplastiden sich einfach aus einer Magosphæra-Kugel dadurch ableiten können, dass „der Zusammenhang der Flimmerkugel bis zur Encystirung, d. h. Fortpflanzung der einzelnen Zellen, erhalten bleibt"[1]). Und dann läge nach Götte der Tod

---

[1]) a. a. O. p. 47.

„in der allseitigen Trennung der Zellen von einander", welche sich „wahrscheinlich alle ziemlich gleichzeitig in Keime verwandelten". Der logische Fehler liegt auf der Hand. Wenn vorher der Tod in der Encystirung der einzelnen Zellen zu Keimzellen lag, so muss er auch jetzt noch darin liegen, denn es ist Nichts geändert als die Dauer des Zellverbandes; ob sich die Zellen aber etwas früher oder später von einander lösen, kann am Wesen der Encystirung nichts ändern. Wenn also der Tod der Monoplastiden in der Encystirung liegt, dann muss er auch bei den Polyplastiden dort liegen, oder vielmehr in den „Verjüngungsvorgängen", welche nach Götte das Wesen der Encystirung ausmachen. Nicht in der „Auflösung des Zellverbandes" müsste Götte den Tod dieser niedersten wie der höchsten Polyplastiden finden, sondern in Verjüngsvorgängen, die sich innerhalb ihrer Keimzellen abspielen. Wenn es im Wesen der Fortpflanzung begründet ist, dass die zur Fortpflanzung bestimmte Zelle zuerst einen „Verjüngungszustand" durchmacht, der gleich Tod ist, so muss dies für die Fortpflanzungszellen aller Organismen gelten. Auch hinderte ja Nichts, solche „Verjüngungszustände" für die Keimzellen der höheren Thiere anzunehmen; Götte nimmt sie auch offenbar an, wie aus den letzten Seiten seiner Schrift hervorgeht, auf welchen der Versuch gemacht wird, die Anschauungen von der Verjüngung und vom Keimtode mit den vorher entwickelten Ansichten von der Herleitung des Polyplastidentodes durch „Auflösung des Zellverbands" einigermaassen in Harmonie zu setzen. Götte hält noch immer an den Ansichten fest, welche er in seiner Entwicklungsgeschichte der Unke dargelegt hat, und nach welchen die Eizelle der höheren Metazoën, um zum „Keim" zu werden, auch eine Verjüngung durchmachen muss, welche mit Tod verbunden ist. Nach seiner Auffassung[1]) ist bekanntlich „das befruchtungsfähige Ei des Bombinator igneus weder im Ganzen, noch zum Theil,

---

[1]) „Entwicklungsgeschichte der Unke", Leipzig 1875, p. 65.

weder nach der Entstehung, noch nach der fertigen Erscheinung eine Zelle, sondern blos eine wesentlich homogene, in eine äusserlich angebildete Hülle eingeschlossene organische Masse". Diese Masse ist „unorganisirt und nicht lebend"[1]) und auch „für die ersten Entwicklungserscheinungen derselben müssen Lebensvorgänge ausgeschlossen werden". Somit wird das Leben zwischen zwei auseinander hervorgehenden Individuen stets wieder unterbrochen, wie denn auch in der jetzt erschienenen Schrift ausdrücklich gesagt wird: „Eine Kontinuität des Lebens der bei der Fortpflanzung aufeinander folgenden Individuen besteht im Verjüngungszustand der Monoplastiden so wenig, als in dem daraus hervorgehenden Keimzustande der Polyplastiden"[2]).

Das ist wenigstens consequent gedacht, wenn auch meiner Ansicht nach nicht nur unerwiesen, sondern auch irrig. Unconsequent und **logisch** verfehlt aber ist es, wenn nun trotzdem Götte den Tod der Metazoën auf ganz andere Weise herleitet, nämlich von der Auflösung ihres Zellverbandes. Es lag freilich allzusehr auf der Hand, dass der Tod der Metazoën nicht die Keimzellen, sondern das Individuum betrifft, welches sie hervorbringt; er musste also auf einen andern Ursprung des Todes Bedacht nehmen, der denselben dem Körper (Soma) zuschiebt. Wenn es noch irgendwie zweifelhaft sein könnte, dass die Encystirung der Monoplastiden nicht einem Tode entspricht, so würde hierin der Beweis gelegen sein!

In dieser Herleitung des Polyplastidentodes liegt aber noch eine weitere verhängnissvolle Begriffsverwechselung. Bei den niedersten Polyplastiden, bei welchen die Zellen noch gleichartig sind, bei welchen also auch jede Zelle noch Fortpflanzungszelle ist, soll die Auflösung des Zellverbandes Tod sein, indem dadurch „die Integrität des Mutterindividuums unbedingt aufgehoben wird" (p. 78). Die Aufhebung eines Begriffes, hier also des Begriffs der Zellencolonie als einer

---

[1]) Ebendaselbst p. 842.
[2]) „Ursprung des Todes", p. 79.

höheren Individualitätsstufe, ist aber doch höchstens in tropischem Sinne ein Tod zu nennen und hat mit dem **realen Tod**, dem wirklichen Absterben eines Individuums, Nichts zu thun. Oder sollte man eine solche Magosphæra nicht etwa durch Kochen, oder sonstwie künstlich tödten können, und wäre der Zustand, der dann einträte, etwa kein Tod? Selbst wenn man den Tod blos als „Stillstand des Lebens" definiren will, ist die Auflösung einer Magosphæra-Kugel in viele einzelne, weiterlebende Zellen kein Tod, denn das Leben der organischen Substanz, welches die Kugel bildet, hört dabei nicht auf, sondern äussert sich nur in andern Formen. Es ist ein Sophismus, zu sagen: das Leben hört auf, weil **diese Form** des Zusammenlebens der Zellen aufhört; in Wahrheit steht das Leben keinen Augenblick still, bei der Auflösung der Magosphæra stirbt nichts Reales, kein Zellcomplex, sondern nur ein Begriff! Homoplastiden, d. h. Zellcolonien, die aus völlig gleichartigen Zellen zusammengesetzt sind, haben überhaupt noch keinen natürlichen Tod, weil eben jede ihrer Zellen noch zugleich Fortpflanzungs- und Körperzelle ist und nicht dem natürlichen Tod verfallen sein **kann**, soll nicht die Art untergehen.

Richtiger ist es, wenn **Götte** an jenen merkwürdigen Schmarotzern, den **Orthonectiden**, eine Erscheinungsweise des Todes zu illustriren sucht, insofern es sich bei diesen um einen wirklichen Tod handelt. Hier haben wir es zwar auch noch mit einem sehr niederen Organismus zu thun, aber doch mit einem, der weit über jener hypothetisch zur ächten Homoplastide vervollkommneten Magosphæra steht, denn hier sind die Zellen nicht mehr alle gleich, welche den Körper zusammensetzen, sondern sie sind verschieden, ja sogar schon zu den primitiven Keimblättern gesondert und zu einer Thierform gestaltet, welche man mit Recht der Gastrulaform gleichsetzen kann. Ganz so einfach, wie sie Götte abbildet (a. a. O. p. 42), sind sie allerdings nicht, sie bestehen nicht blos aus Ektoderm und Fortpflanzungszellen, sondern das

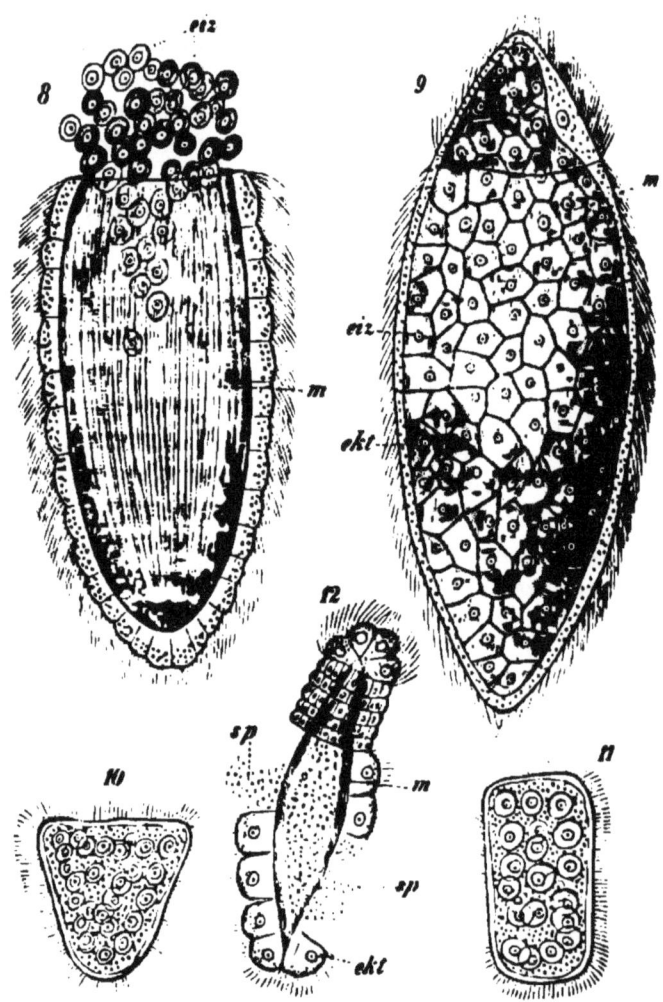

Orthonectiden, freie Copien nach Julin.

8. Erste Weibchenform; der kappenförmige Vordertheil hat sich losgelöst und die Eizellen treten frei aus. 9. Zweite Weibchenform, *eiz* Eizellen, darüber die Muskellage *m* und das Ektoderm. 10. und 11. Zwei Bruchstücke eines solchen, durch spontane Theilung zerstückelten Weibchens; die Eizellen sind in körnige Masse eingebettet und machen in ihr die Embryonalentwicklung später durch, das ganze Stück ist von Wimperzellen umschlossen. 12. Männchen im Moment der Samenentleerung durch Zerfall des Ektoderms *(ekt)*; *sp* Spermatozoën durch die Lücken des Ektoderms austretend, *m* Muskeln.

Entoderm setzt sich nach Julin[1]) aus zwei Schichten zusammen, den Keimzellen und einer während der Entwicklung mächtigen Schichte von Muskelzellen, und bei der zweiten Weibchenform sind die Eizellen noch von einer ziemlich mächtigen körnigen Gewebslage umgeben. Doch ist es richtig, dass, besonders im geschlechtsreifen Weibchen der ersten Form, die Hauptmasse nicht nur des Entoderms, sondern auch des gesammten Körpers aus Eizellen besteht, so dass dasselbe einem dünnwandigen, mit Eizellen gefüllten Schlauche gleicht. Die Entleerung der Keimzellen erfolgt durch Bersten des dünnen Ektodermschlauchs, und wenn sie alle entleert sind, so ist die dünne, zerrissene Hülle von Wimperzellen nicht mehr im Stande, weiter zu leben; sie stirbt ab. So wird es wenigstens von Götte angenommen und wahrscheinlich mit Recht. Das wäre also der wirkliche Tod dieser Orthonectiden, und wenn wir einmal dieselben als ursprüngliche niedere Formen (Mesozoën) gelten lassen wollen, so hätten wir also hier, von unten aufsteigend, **zum ersten Mal den natürlichen Tod**. Schwerlich liegen indessen seine Ursachen so klar vor, als Götte zu glauben scheint, wenn er ihn als eine „nicht nur erfahrungsmässig nothwendige, sondern eine schlechterdings unvermeidliche Wirkung" der Fortpflanzung bezeichnet. Dies wird dahin erläutert, dass hier das Entoderm lediglich aus Keimzellen bestehe, dass aber das Leben auf dem „physiologischen Zusammenwirken" von Entoderm und Ektoderm beruhe, folglich aufhören müsse, wenn das gesammte Entoderm bei der Fortpflanzung ausgestossen werde. Ich will davon absehen, dass bei dieser Beweisführung die Anwesenheit eines Mesoderms ganz übergangen wird; mir scheint es aber keineswegs so selbstverständlich **vom rein physiologischen Standpunkt aus**, dass der Ektodermschlauch mit der Muskelschicht absterben muss, nachdem die Keimzellen

---

[1]) „Contributions à l'histoire des Mesozoaires. Recherches, sur l'organisation et le developpement embryonnaire des Orthonectides." Arch. de Biologie, Vol. III, 1882.

ausgetreten sind. Bei denjenigen Weibchen, auf welche Götte hier allein sich bezieht, bleibt dieser Schlauch bis auf eine Kappe am Vorderende, die zum Austritt der Eizellen abgesprengt wird, zunächst ganz unversehrt, und da er nach wie vor in nahrungsreicher Flüssigkeit schwimmt, so wäre doch der Beweis erst zu führen, dass er sich ohne seine Keimzellen nicht ebensogut sollte ernähren können, als vorher mit ihnen.

Warum stirbt er nun dennoch? Meine Antwort darauf lautet einfach: weil seine Zeit um ist, weil seine Lebensdauer auf eine bestimmte Zeit normirt ist, und zwar auf die Zeit bis zur vollendeten Fortpflanzung, weil die physische Constitution dieses Soma so eingerichtet ist, dass es nur bis zur Ausstossung der Keimzellen lebensfähig bleibt und dann abstirbt, mögen auch die äussern Umstände für seine weitere Ernährung noch so günstig sein.

Dass dies die richtige Auffassung ist, wird zweifellos, sobald man auch die Männchen und die zweite Weibchenform ins Auge fasst, denn bei diesen beiden zerfällt der Körper nicht in Folge der Fortpflanzung, sondern als Vorbereitung zu derselben!

Götte nimmt auf die zweite Weibchenform nur in einer Anmerkung Bezug, in welcher er sagt: es scheint „bei einer zweiten weiblichen Form dieser Thiere der ganze Körper erst in mehrere Stücke zu zerfallen, deren Oberhaut allmälig ganz atrophirt und so noch vor der Entleerung der Eier abstirbt." Nach der Darstellung Julin's[1]), auf welcher auch Götte fusst, verhält sich aber die Sache nicht unwesentlich anders. Die Eier werden nämlich überhaupt nicht entleert, sondern sie machen ihre volle Embryonalentwicklung im Körper der Mutter durch, der sich vorher spontan in mehrere Stücke theilt. Die Eier bilden aber hier auch nicht, wie bei der andern Weibchenform, den einzigen Bestandtheil des Entoderms, sondern sie sind, wie bereits gesagt wurde, ein-

---

[1]) a. a. O. p. 37.

gebettet in eine ziemlich voluminöse feinkörnige Masse, auf deren Kosten, oder doch unter deren Vermittlung sie sich ernähren und während ihrer Entwicklung bedeutend heranwachsen. Aber nicht nur diese körnige Masse, sondern alle Schichten des Mutterkörpers, auch das Ektoderm, bleiben während der Embryonalentwicklung der Jungen erhalten, ja das Ektoderm muss sogar bei der Theilung des Mutterthiers ein Wachsthum eingehen, denn es überzieht die Theilstücke allseitig und vermittelt so durch seine Wimpern das Umherschwimmen in der Leibesflüssigkeit des Wirthes. Später verlieren sich die Wimpern, und das Theilstück des Mutterthiers hängt sich irgendwo in der Leibeshöhle fest; die Jungen machen sich frei, und das Stück vom Soma des Mutterthiers geht wohl zu Grunde durch Zerfall und Resorption[1]). Dasselbe scheint also hier von den Embryonen gewissermaassen aufgezehrt zu werden, wie das ja auch sonst wohl vorkommt, wenn freilich auch nur selten. Man wird es schwerlich als eine ursprüngliche Einrichtung betrachten und darauf den Beweis gründen wollen, dass die „Fortpflanzung" nothwendig von lethaler Wirkung für den Polyplastiden-Organismus sein muss.

Was nun vollends die Männchen betrifft, so schwellt bei ihnen die Samenmasse den Körper durchaus nicht so auf, dass sie seine Wand sprengen und so sich den Austritt erzwingen könnte. Allein die grossen Zellen des Ektoderms atrophiren freiwillig um die Zeit der Geschlechtsreife, sie fallen hier und da ganz ab und der Samen hat freien Austritt. Auch hier ist also der Zerfall des Körpers nicht Folge der Fortpflanzung, sondern die Fortpflanzung kann nur stattfinden, wenn der Zerfall des Körpers ihr vorausgeht!

Man wird in dieser merkwürdigen Einrichtung kaum etwas

---

[1]) Julin spricht sich über diesen Punkt nicht näher aus; auch der Zeitpunkt, in welchem die Ektodermzellen atrophiren, ist nicht ganz klar, was übrigens irrelevant ist für die Ursache des Todes, da die körnige Masse um die Eizellen herum jedenfalls doch auch zum „Soma" der Mutter gehört.

Anderes sehen können als eine Anpassung der Dauer der Körperzellen an die Fortpflanzung; und diese Anpassung war möglich, weil der Körper nach der Entleerung der Geschlechtsprodukte keinen Werth mehr für die Erhaltung der Art hatte.

Nehmen wir aber selbst an, der Tod der Orthonectiden sei im Götte'schen Sinne eine Folge „der Fortpflanzung", insofern der einen wie der andern Weibchenform, ja auch den Männchen durch den Austritt der in Menge entwickelten Keimzellen oder Embryonen die physiologische Möglichkeit des Weiterlebens entzogen würde, wie ist es möglich, daraus die Nothwendigkeit des Todes, als einer Folge der Fortpflanzung für sämmtliche Polyplastiden ableiten zu wollen? Muss denn der Körper, das Soma, bei allen Metazoën so dürftig entwickelt sein gegenüber der Keimzellenmasse, dass die Ausstossung derselben seinen Tod zur Folge hat? Verhält es sich nicht meistens gerade umgekehrt, so zwar, dass die Masse der Körperzellen die der Keimzellen um das Hundert- und Tausendfache übertrifft? und besitzt nicht der Körper eine so völlige Unabhängigkeit von den Keimzellen in Bezug auf seine Ernährung, dass er durch die Ausstossung derselben nach dieser Richtung hin nicht im allergeringsten nachtheilig afficirt zu werden braucht? Und wenn nun orthonectidenartige Vorfahren ihre geringfügige somatische Hälfte dem Untergange preisgeben mussten nach Ausstossung der Keimzellen, weil dieselbe allein nicht mehr im Stande war, sich zu ernähren, folgt daraus, dass den somatischen Zellen nun die Fähigkeit, weiterzuleben, auf immer entzogen war, auch wenn sie in den phyletischen Nachkommen wieder unter günstigere Bedingungen gelangten? mussten sie nun für alle Zeiten „die Todesnothwendigkeit erben"? woher auf einmal diese principielle Aenderung ihrer Natur, da sie doch vorher — d. h. vor der Differenzirung der Homoplastiden zu Heteroplastiden — die Unsterblichkeit der einzelligen Wesen besassen?

Und dabei ist noch gar nicht in Rechnung gezogen, dass es doch nur eine Annahme ist, wenn die Orthonectiden als Paradigma der niedersten Metazoën (Heteroplastiden) aufgestellt

werden. Ich will mich auch nicht damit aufhalten, diesen
Punkt besonders zu betonen, aber dass diese parasitischen
Wesen, wie fast alle Entoparasiten in stärkerem Grade rückgebildet sind, geht schon aus der Art ihrer Gastrulabildung
(durch Embolie) hervor, aus dem Mangel eines Mundes und
dem eines Magens. Denn dass die Gastrula, wenn sie als
selbständige Thierform bestanden hat, ursprünglich Beides
besass, kann doch wohl keinem Zweifel unterliegen, und die
Masse von Eizellen, welche das Innere der weiblichen Orthonectiden füllt, ist eine Anpassung an die parasitische Lebensweise, welche einerseits einen Magenraum überflüssig machte,
andererseits die Hervorbringung einer grossen Zahl von Keimzellen erheischte[1]). Dass die Orthonectiden, so wie sie heute
sind, nicht frei gelebt haben können, ist sicher, und ebenso,
dass ihre Anpassung an den Parasitismus nicht in die ersten
Anfänge der phyletischen Metazoën-Entwicklung fallen konnte,
denn sie schmarotzen in Seesternen und Nemertinen, d. h. in
relativ hoch entwickelten Metazoën. Somit ist es durchaus
zweifelhaft, ob die Orthonectiden wirklich Anspruch haben,
als typische Formen niederster Heteroplastiden zu gelten und
ihre Fortpflanzung als „typisch für die uns unbekannten Stammformen aller Polyplastiden" (p. 45).
Nehmen wir aber selbst ihnen ähnliche Wesen als die ältesten
Heteroplastiden an, so müssen diese als frei lebende Thiere

---

[1]) Leuckart findet eine so grosse Aehnlichkeit zwischen den eben
ausschlüpfenden Jungen von Distoma und den Orthonectiden, dass er
geneigt ist, diese Letzteren für Trematoden zu halten, „die sich trotz
ihrer Geschlechtsreife nicht über den Embryonalzustand der Distomeen
hinaus entwickelt" haben („Zur Entwicklungsgeschichte des Leberegels",
Zool. Anzeiger 1881, Nr. 99). In Bezug auf die den Orthonectiden in
Lebensweise und Bau ähnlichen Dicyemiden hat schon Gegenbaur
(„Grundriss d. vergl. Anatomie") die Ansicht ausgesprochen, sie gehörten
zum „Entwicklungskreise von Plattwürmern"; Giard rechnet beide zum
„Phylum der Würmer", indem er sie als stark rückgebildet durch Parasitismus ansieht, und Whitman, der neueste Untersucher der Dicyemiden,
spricht sich in seinen vortrefflichen „Contributions to the Life-History
and Classification of the Dicyemids" (Leipzig 1882) in demselben Sinne aus.

einen Magenraum besessen haben, und die Zellen, welche denselben begrenzten, müssen alle oder zum grossen Theil Verdauungszellen, jedenfalls können sie nicht alle Keimzellen gewesen sein, und es ist desshalb die Möglichkeit noch weniger zurückzuweisen, dass aus der blossen Ausstossung der Keimzellen eine Nothwendigkeit des Todes **direct** für sie nicht resultirte.

Sehen wir nun zu, in welcher Weise **Götte** es zu motiviren sucht, dass die bei den Orthonectiden zuerst erkennbare Ursache des Metazoën-Todes sich von da auf alle folgenden Metazoën, bis auf die höchsten Formen hinauf fortgeerbt habe. Leider vermisst man eine eigentliche Begründung dieser Annahme, und der Beweis beschränkt sich auf die Zusammenstellung einer Anzahl von Fällen, in welchen Tod und Fortpflanzung ganz oder nahezu der Zeit nach zusammenfallen. Dies würde nun auch dann Nichts beweisen, wenn **post hoc** immer auch **propter hoc** wäre, denn dem stehen eine Menge von Fällen entgegen, in welchen die beiden Momente nicht zusammenfallen. Aber wie ist es überhaupt statthaft, jene Fälle plötzlichen Todes nach der Eiablage oder Begattung, wie sie bei vielen höheren Thieren, besonders bei Insekten, vorkommen und von mir früher zusammengestellt worden sind[1]), als Beweise für die „lethale Wirkung der Fortpflanzung" anzuführen, die doch offenbar Ausnahmen sind? In gewissem Sinn, nämlich in Bezug auf den einzelnen Fall, ist es ja ganz richtig, dass der Tod in Folge der Fortpflanzung eintritt; das Bienenmännchen, welches regelmässig während der Begattung stirbt, erleidet unzweifelhaft den Tod in Folge des übermächtigen Nervenchoques; das Psychidenweibchen, welches alle seine Eier mit einem Male abgelegt hat, stirbt an „Erschöpfung", mögen wir diese nun physiologisch definiren wie wir wollen und können.

Aber lässt sich nun daraus eine allgemeine lethale Wirkung der Fortpflanzung ableiten, in dem Sinne, den **Götte**

---

[1]) „Dauer des Lebens", p. 28, 56 u. f., 90.

damit verbindet, der die Fortpflanzung ausdrücklich und ganz allgemein „für den ausschliesslichen Grund des natürlichen Todes" erklärt (p. 32)? Ich brauche mich nicht weiter bei den einzelnen Fällen aufzuhalten, sondern wende mich lieber gleich zum Fundament der ganzen Deduktion, denn es lässt sich leicht zeigen, dass dieses ausser Stand ist, den darauf errichteten Bau zu tragen. Die Vorstellung, dass die Fortpflanzung den Tod bedinge, ist nämlich aus ganz heterogenen Thatsachen rein formal zusammengesetzt. Weder das, was unter Tod verstanden wird, bleibt dabei dasselbe, noch die diesen Tod bedingende Wirkungsweise der Fortpflanzung. Die ganze Anschauung geht aus vom Encystirungsprocess; dieser wird als Keimbildung als die „eigentliche" Fortpflanzung aufgefasst, und da nach Götte's Meinung alle Keimbildung mit einem Stillstand des Lebens verbunden ist, Stillstand des Lebens aber nach seiner Definition gleichbedeutend ist mit Tod, so ist also die Fortpflanzung ihrem ureigensten Wesen nach mit Tod unzertrennlich verbunden. Es ist nothwendig, sich gegenwärtig zu halten, was Götte sich bei diesem Verjüngungsprocess denkt, um zu erkennen, dass es sich hier um etwas gänzlich Anderes handelt, als bei der „lethalen Wirkung der Fortpflanzung", wie sie eben von Insekten erwähnt wurde. Jene mit der Encystirung und Keimbildung verbundene „Verjüngung" ist ihm „eine Umprägung des specifischen Protoplasmas, wobei die Identität der Substanz die Vererbung sichert", ein „wunderbarer Vorgang", in welchem „die wichtigsten Erscheinungen im ganzen Leben der Thiere und wohl überhaupt aller Organismen, die Fortpflanzung und der Tod, wurzeln" (p. 81). Mag nun jene „Umprägung" wirklich existiren, oder nicht, jedenfalls glaube ich oben gezeigt zu haben, dass dieselbe nicht dem Tod der Metazoën entspricht, sondern dass sie, falls sie überhaupt bei den Metazoën vorkäme, in den Keimzellen selbst gelegen sein müsste, ja dass sie Götte selbst auch an andrer Stelle in diese hinein verlegt hat.

Während nun bei den Monoplastiden die Todesursache

in dieser geheimnissvollen Umwandlung des Organismus zum Keim liegt, soll sie bei den Polyplastiden zunächst (bei der hypothetisch zu einem ächten Polyplastiden vervollkommneten Magosphæra) darin enthalten sein, dass der Organismus sich in die ihn zusammensetzenden Zellen, welche ja alle noch zugleich Keimzellen sind, auflöst, ein Vorgang, der offenbar gar Nichts von dem mystischen Dunkel enthält, welches dem „Verjüngungsprocess" anhängt, freilich aber auch kein realer Tod ist. Bei der Orthonectidenstufe erfolgt dann der Tod nicht dadurch, dass bei der Zerstreuung der Keimzellen gar nichts mehr übrig bliebe, sondern dadurch, dass nur ein so kleiner, lebensunfähiger Rest des Thieres übrig bleibt, dass er, unfähig sich selbst zu ernähren, nothwendig absterben muss. Von nun an bleibt wenigstens das Objekt des Todes und der Begriff des Todes der gleiche, allein nun wechselt der Begriff der „Fortpflanzung". Was hat es mit der „Verjüngung des Protoplasmas" zu thun, wenn die Rhabditidenweibchen von Ascaris ihren Tod dadurch finden, dass ihre eigene Brut sie auffrisst? (p. 34) liegt da irgend ein tieferer, im Wesen der Fortpflanzung begründeter Zusammenhang zu Grunde? oder wenn die „Redien und Sporocysten der Saugwürmer durch ihre Cercarienbrut in langsam absterbende Schläuche verwandelt werden"? oder wie kann man überhaupt von einem „tödtlichen Einfluss der Fortpflanzung" bei den Bandwürmern reden, weil „in den reifenden Gliedern derselben in ähnlicher Weise die gesammte Organisation unter dem Einfluss des sich anfüllenden und übermässig wachsenden Fruchthälters sich zurückbildet". Sie bildet sich zurück in der That, aber gerade nur so weit, als es die Masse der sich entwickelnden Eier verlangt, der Tod tritt aber keineswegs ein, vielmehr kriechen solche reife Bandwurmglieder, wenn sie die nöthige Temperatur haben, noch selbständig umher. Wie kann man aber verkennen, dass es sich in diesem und den vorher erwähnten Fällen um Anpassungen an ganz specielle Existenzbedingungen handelt, um Anpassung an die Massenentwicklung von Keimen in einem Mutterorganismus, der selbst keine neue Nahrung mehr zu sich nehmen kann, oder der überhaupt überflüssig geworden ist, weil er seine Pflicht der Art gegenüber erfüllt hat? Wenn das ein im Wesen der Fortpflanzung begründeter Tod sein soll, dann kann man auch den Tod des reifen Bandwurmglieds im Magensaft des Schweins, welches ihn frass, als Beweis dafür vorbringen.

Für Götte ist aber der Begriff Fortpflanzung ein Proteus, ganz wie der Begriff des Todes, er ist ihm in jeder Gestalt willkommen, wenn er nur dem Beweis zu dienen scheint. Wenn es wirklich im Wesen der Fortpflanzung läge, den Tod zu bedingen, so müsste dies in einem bestimmten und stets demselben Momente derselben gelegen sein, also etwa in der Nothwendigkeit einer „Umprägung" des Protoplasmas der Keimzelle, wo dann freilich aber der „Tod" auch nur in dieser Keimzelle selbst eintreten könnte, oder aber etwa in der Entziehung der Nahrung durch die Masse der wachsenden Keime — also etwa wie der Tod beim Menschen durch übermächtig wuchernde krankhafte Geschwülste erfolgen kann —, oder aber in Folge der Entwicklung der Brut im Mutterleib, die sich übrigens doch nur auf weibliche Thiere beziehen, und schon desshalb keine tiefere und allgemeinere Bedeutung haben kann, oder ferner durch die Ablage selbst der Geschlechtsprodukte, seien es Eier oder Samen, und durch die in Folge davon eintretende Unmöglichkeit weiterer Ernährung (Orthonectiden?), oder schliesslich in dem übermässigen Nervenchoque, den die Ablage der Geschlechtsprodukte veranlasst —. Aber dass nun keines von allen diesen Momenten durchgeht und den Tod überall hervorruft, das beweist doch wohl unwiderleglich, dass der Tod als eine innere Nothwendigkeit nicht aus der Fortpflanzung hervorgeht, sondern dass er nur bald aus diesem, bald aus jenem Motiv mit ihr verknüpft sein kann. Es darf doch auch nicht übersehen werden, dass er in vielen Fällen überhaupt nicht mit ihr verbunden ist, da zahlreiche Metazoën ihre Fortpflanzung mehr oder weniger lange überleben.

Dass in der That ein dem natürlichen Tod der höheren Thiere entsprechender Vorgang bei den einzelligen fehlt, glaube ich jetzt sichergestellt zu haben; **der natürliche Tod beginnt also erst mit den vielzelligen Wesen, und auch unter diesen erst bei den Heteroplastiden.** Er muss auch nicht aus einer absoluten inneren Nothwendigkeit, die im Wesen der lebenden Materie begründet ist, eingeführt worden sein, sondern aus Zweckmässigkeitsgründen, d. h. aus Nothwendigkeiten, die nicht schon aus den **allgemeinsten** Bedingungen des Lebens, sondern aus den **speciellen** Bedingungen entsprangen, unter welchen gerade die vielzelligen Organismen stehen. Wäre es nicht so, so müssten auch schon die einzelligen Wesen einen natürlichen Tod besitzen. Ich habe früher[1]) diese Idee schon ausgesprochen und auch bereits kurz angedeutet, in wiefern mir die Einrichtung des natürlichen Todes für die vielzelligen Wesen zweckmässig zu sein schien. Ich fand den letzten Grund der Normirung der Metazoën auf eine begrenzte und bestimmte Lebensdauer in der Abnutzung, welcher die Individuen im Laufe ihres Lebens unterworfen sind, in Folge derer dieselben unausbleiblich „um so unvollkommner, krüppelhafter werden und um so weniger die Zwecke der Art erfüllen können, je länger sie leben". Der Tod erschien mir so zweckmässig, „denn abgenutzte Individuen sind werthlos für die Art, ja sogar schädlich, indem sie besseren den Platz wegnehmen".

Ich halte auch jetzt noch durchaus an dieser Auffassung fest, freilich aber nicht in dem Sinn, als hätte hier ein Kampf zwischen unsterblichen und sterblichen Variationen einer Art stattgefunden. Wenn mich Götte in diesem Sinn verstanden hat, so mag sich dies aus der in jener Rede gewählten kurzen Ausdrucksweise erklären; wenn er mir aber zugleich die Meinung beilegt, solchen hypothetischen, unsterblichen Metazoën eine beschränkte Fortpflanzungszeit zuerkannt zu haben, so wüsste ich nicht, aus welcher Stelle meiner Rede dafür

---

[1]) „Dauer des Lebens" p. 30 u. f.

ein Beleg beigebracht werden könnte. Nur unter dieser Voraussetzung aber passt der gegen mich gerichtete Vorwurf, einen Selectionsprocess angenommen zu haben, der gar nicht wirksam sein kann, weil der Vortheil, welcher der Art allerdings aus einer Abkürzung der Lebensdauer erwachsen würde, sich nicht in reichlicherer Fortpflanzung der kurzlebigen Individuen geltend machen könne. Gewiss wäre es irrig, zu meinen, „dass es in diesem, sowie in einem jeden ähnlichen Fall zur Erklärung eines Selectionsvorganges genüge, irgend einen Vortheil überhaupt zu construiren"[1]). Derselbe muss vielmehr „immer darauf hinauslaufen, dass die betreffenden Formen dauernd auf eine grössere Zahl von Nachkommen vererbt werden, als die andern Formen". Ich habe indessen überhaupt bisher noch nicht versucht, den Selectionsprocess im Einzelnen auszudenken, durch welchen die somatische Hälfte des Metazoënkörpers auf eine beschränkte Dauer der Existenz normirt wurde; nur das der ganzen Einrichtung zu Grunde liegende allgemeine Princip wollte ich namhaft machen, ohne anzugeben, in welcher Weise dasselbe zur Anwendung gelangte.

Wenn ich jetzt versuche, dies zu thun und die allmälige Entstehung des natürlichen Todes der Metazoën theoretisch zu construiren, so muss ich wiederum mit einem Einwurf beginnen, den mir Götte macht und der sich wiederum auf das Wesen des Selectionsprocesses bezieht.

Da ich den Tod als eine Anpassungserscheinung betrachte, denselben also aus dem Selectionsprincip ableite, so findet Götte[2]), dass dadurch „die erste Entstehung des erblichen und daher in der betreffenden Organisation nothwendig gewordenen Todes nicht etwa erklärt, sondern bereits vorausgesetzt werde". „Die Wirkung und Bedeutung des Nützlichkeitsprincips besteht bekanntlich darin, unter den jeweilig vorhandenen Bildungen und Einrichtungen das Passendste

---

[1]) „Ursprung des Todes" p. 29.
[2]) a. a. O. p. 5.

auszulesen, nicht direkt Neues zu schaffen. Jede Neubildung entsteht zuerst ganz unabhängig von einem etwaigen Nutzen, aus gewissen materiellen Ursachen in einer Anzahl von Individuen, um, falls sie sich nützlich erweist und erblich ist, nach den Gesetzen der natürlichen Auslese in der betreffenden Thiergruppe sich auszubreiten. Bei jeder Steigerung ihrer Nützlichkeit in Folge neuer Abänderungen wird diese Ausbreitung zunehmen, endlich sich auf die ganze Gruppe erstrecken. So bewirkt also der Nutzen die Erhaltung und Ausbreitung der Bildung, hat aber mit den Ursachen ihrer Entstehung in den ersten und in Folge der Vererbung in allen übrigen Individuen nicht das mindeste zu thun. In diesen erblichen Ursachen beruht aber gerade die Nothwendigkeit der beregten Bildung, deren Nutzen folglich ihre Nothwendigkeit in keiner Weise erklärt."

„Dies auf die Entstehung des natürlichen, durch innere Ursachen hervorgerufenen Todes angewandt, würde ergeben, dass derselbe zuerst in einer Anzahl von den ursprünglich unsterblichen Metazoën nothwendig und erblich wurde, ehe von einer Wirkung seiner Zweckmässigkeit die Rede sein konnte; diese Wirkung konnte aber in nichts Anderem bestehen, als dass von den Individuen, welche jene einmal entstandenen Todesursachen erbten, im Kampf um's Dasein immer mehr am Leben blieben und sich fortpflanzten, als von den andern, welche freilich potentia unsterblich, aber in jenem Kampfe benachtheiligt und daher den zerstörenden Zufällen mehr ausgesetzt waren. Die gegenwärtige Nothwendigkeit des natürlichen Todes aller Metazoën wäre also — „durch ununterbrochene Erbschaft" von jenen ersten sterblichen Metazoën abzuleiten, deren Tod aus inneren Ursachen nothwendig wurde, bevor das Nützlichkeitsprincip zu Gunsten seiner Ausbreitung in Thätigkeit treten konnte."

Ich habe darauf Folgendes zu erinnern. Es ist schon oft gesagt worden, Selection könne nichts Neues schaffen, sondern nur das zur Herrschaft bringen, was ihr zur Wahl geboten werde, das ist aber nur in einem sehr beschränkten Sinne wahr. Enthält doch die bunte Welt der Thiere und Pflanzen, welche wir um uns sehen, recht Vieles, was man neu nennen dürfte im Vergleich zu den ersten Urwesen, aus denen doch alles Folgende unserer Anschauung nach durch Selectionsvorgänge sich entwickelt hat. Von Blättern und Blüthen, von Verdauungsorganen, Kiemen, Lungen, Beinen und Flügeln, von Knochen und Muskeln war zur Zeit der alleinigen Existenz der Urthiere noch Nichts vorhanden, und doch muss alles Dieses nach dem Selectionsprincip aus ihnen entstanden sein. In gewissem Sinn lag es freilich von vornherein schon in ihnen, nämlich als Möglichkeit, es aus ihnen zu entwickeln, gewiss aber weder vorgebildet, noch als Nothwendigkeit. Zur Nothwendigkeit ist vielmehr gerade dieser thatsächlich eingehaltene Entwicklungsgang eben erst durch die Thätigkeit der Selection geworden, d. h. durch die Auswahl der verschiedenen Möglichkeiten nach ihrer Nützlichkeit, durch die Anpassung der Organismen an die äusseren Lebensbedingungen. Wenn wir also überhaupt einmal das Selectionsprincip annehmen, dann müssen wir auch zugestehen, dass es in der That Neues schaffen kann, wenn auch nicht plötzlich und unvermittelt, sondern immer nur in kleinsten Stufen und auf Grundlage der gegebenen Abänderungen. Diese können nur als kleinste und, wie ich kürzlich zu zeigen versuchte[1]), nur als quantitative gedacht werden, und erst durch ihre Häufung kommen grosse Abänderungen zu Stande, d. h. solche, welche auch uns auffällig werden, und die wir als etwas „Neues" bezeichnen.

Der Vorgang lässt sich etwa den Wanderungen eines Mannes vergleichen, der zu Fuss, also in kleinen Etappen ausgeht von einem bestimmten Punkt auf beliebige Zeit und in beliebiger Richtung. Er hat die Möglichkeit, eine unendliche Menge von Reiserouten zu machen über die ganze Erde hin. Wenn er nun ganz nach seiner Willkür, d. h. nach seinem Nutzen, Gefallen und Interesse gehen kann, vorwärts,

---

[1]) Vergleiche: Aufsatz II, p. 117.

nach rechts und links, auch nach rückwärts, mit grossen und kleinen Ruhepausen, und er dann in einem gegebenen Moment die Wanderung beginnt, so liegt die bestimmte Reiseroute, welche er thatsächlich einhalten wird, schon in ihm, denn bei seinem bestimmten Temperament, Verstand, Erfahrung, Geschmack u. s. w. wird sein Weg in jedem Moment der Wanderung bestimmt sein durch die Umstände, die er dort vorfindet; er wird zurückweichen, wenn er an ein Gebirge kommt, das ihm zu hoch zum Uebersteigen dünkt; er wird nach rechts ausbiegen, wenn ihm der reissende Strom besser nach dieser Seite umgehbar erscheint; er wird rasten, wenn er sich irgendwo behaglich fühlt, dagegen weiter eilen, wenn er sich von Feinden verfolgt weiss, und seine ganze thatsächlich eingeschlagene Route wird somit trotz seiner vollkommen freien Wahl doch eine von vornherein durch den **Punkt** und den **Moment** des **Ausgangs** und die **Verhältnisse**, welche zu jeder gegebenen Zeit an jedem von ihm berührten Ort herrschen, bestimmte sein; man würde sie voraussagen können, wenn man diese Momente bis ins Einzelnste hinein übersähe.

Der Wanderer ist die einzelne Art, die Marschroute entspricht den Veränderungen, welche sie durch Selection erleidet, und diese wird bestimmt durch ihre physische Natur und durch die Lebensbedingungen, in welchen sie sich jeweils befindet; sie kann von jedem Punkt aus, an den sie gelangt, eine Menge verschiedener Abänderungen eingehen, aber in Wirklichkeit wird sie immer nur die **eine** thatsächlich eingehen, welche den herrschenden äusseren Umständen nach die für sie nützlichste ist. Sie wird unverändert bleiben, **sobald** und **solange** sie mit ihrer augenblicklichen Umgebung in vollkommenem Gleichgewicht steht, und sie wird beginnen wieder abzuändern, sobald dieses Gleichgewicht gestört wird. Es kann schliesslich auch vorkommen, dass trotz aller Bedrängniss durch concurrirende Arten doch keine Umgestaltung mehr eintritt, weil keine der unzähligen **kleinsten Abänderungen, die allein nur möglich sind**, zum Sieg verhelfen kann, so etwa wie jener nur auf seine Füsse angewiesene Wanderer, wenn er, von übermächtigen Feinden verfolgt, ans Meer gelangt, nothwendig erliegen muss. Ihm könnte nur ein Schiff Hülfe bringen, wie der dem Untergang preisgegebenen Art nur Abänderungen von bedeutendem Belang, die sie eben plötzlich hervorzubringen nicht im Stande ist.

Wie aber der Wanderer sich im Laufe seines Lebens unbegrenzt weit und in den complicirtesten Zickzacklinien von seinem Ausgangspunkt entfernen kann, so auch der Bau einer Urthierform im Verlaufe des irdischen Lebens; wie jener im Beginn seiner langsamen Wanderung aus dem Weichbild seines Ausgangspunktes nicht herauskommen zu können schien, und sich dann doch nach Jahren an weit entfernten Punkten findet, so leiten auch die unscheinbaren Veränderungen, welche die ersten Myriaden von Generationen einer Thierform bezeichneten, in zahllosen weiter noch folgenden Myriaden zu Formen hin, die total verschieden von jenen ersten scheinen und doch ganz allmälig aus ihnen hervorgegangen sind. Das ist eigentlich selbstverständlich und bedarf keines Gleichnisses, trotzdem aber wird es nicht selten ausser Acht gelassen, so gerade in der Behauptung, dass Selection nichts Neues schaffen könne, während sie doch in der That es ist, welche die vielen verschwindend kleinen Schritte der natürlichen Variationen so summirt und combinirt, dass immer wieder Neues daraus hervorgeht.

Wenn man dies auf die Einführung des natürlichen Todes anwendet, so wird man sich den Vorgang vielleicht so vorstellen dürfen, dass schon mit der Differenzirung der Homoplastiden zu Heteroplastiden, also mit Eintreten der Arbeitstheilung bei einer gleichartigen Zellencolonie, der Selectionsprocess sich nicht nur auf die physiologischen Eigenschaften der Nahrungsaufnahme, Bewegung, Empfindung und Fortpflanzung bezog, sondern auch auf die Lebensdauer der einzelnen Zellen; wenigstens insoweit, als es keine unbedingte Nothwendigkeit mehr war, die Fähigkeit unbegrenzter Dauer beizubehalten. Die somatischen Zellen konnten somit, falls dies sonst vortheilhaft war, eine Constitution annehmen, welche die unbegrenzte Dauer ausschloss.

Man könnte mir einwerfen, dass Zellen, deren Vorfahren die Fähigkeit besassen, ewig weiter zu leben, unmöglich sterblich im Princip, d. h. aus innern Ursachen, werden könnten, und zwar weder plötzlich, noch allmälig, denn dies würde der Voraussetzung widersprechen, welche ihren Vorfahren und deren Theilungsprodukten die Unsterblichkeit zusprach. Diese Beweisführung ist zwar richtig, aber nur so lange, als die Nachkommen von ein und derselben Art bleiben, nicht aber dann, wenn ein Zeitpunkt eintritt, in welchem die zwei Theilprodukte einer potentia unsterblichen Zelle sich verschieden gestalten, wenn also eine der physischen Constitution nach ungleiche Theilung stattfindet. Nun ist es denkbar, dass die eine Theilhälfte die zur Unsterblichkeit nöthige physische Constitution beibehält, die andere aber nicht, so gut es denkbar ist, dass eine solche auf ewige Dauer eingerichtete Zelle ein Stück von sich abschnürt, welches zwar eine Zeit lang weiter lebt, ohne aber die volle Lebensfähigkeit einer Zelle zu besitzen, oder wie es denkbar ist, dass eine solche Zelle eine gewisse Menge organischer Substanz aus sich ausstösst, die schon todt, d. h. reines Exkret ist, sobald sie den Körper verlässt. So lässt sich auch eine ungleiche wirkliche Zelltheilung denken, bei welcher nur die eine Theilhälfte die Bedingungen der Vermehrung in sich trägt, und ebenso ist es denkbar, dass die Constitution einer Zelle es bedingt, dass sie nur eine bestimmte Lebensdauer haben kann, wie denn Beispiele davon vor Aller Augen liegen, da eine grosse Menge von Zellen der höheren Metazoën in der That durch ihre Funktion zu Grunde gehen. Je specifischer eine Zelle, d. h. je mehr sie nur auf eine bestimmte Funktion eingerichtet ist, um so leichter wird dies vermuthlich der Fall sein, und wer will dann sagen, ob die begrenzte Lebensdauer blos die Folge der hochpotenzirten, einseitigen Leistung, oder aber selbst schon beabsichtigt, d. h. durch anderweitige

Vortheile bedingt war? Jedenfalls wird man sagen dürfen, dass der Nachtheil der beschränkten Dauer dieser Zellen durch den Vortheil ihrer hochpotenzirten Leistungen aufgewogen wird. Obgleich keine Funktion des Körpers nothwendig die Begrenzung der Lebensdauer des sie tragenden Formelementes erheischt, wie die einzelligen Wesen beweisen, so können doch alle mit einer solchen begrenzten Dauer verbunden werden, ohne dass die Art dadurch Schaden leidet, wie die Metazoën beweisen; nur die Fortpflanzungszellen ertragen eine solche Beschränkung nicht, und bei ihnen allein stellt sie sich auch nicht ein. Sie konnten die Unsterblichkeit aber auch nicht verlieren, falls überhaupt die Metazoën von den unsterblichen Protozoën stammen, weil sie dem Begriff nach nicht verloren gehen kann. Der Körper, das Soma, erscheint unter diesem Gesichtspunkt gewissermaassen als ein nebensächliches Anhängsel der eigentlichen Träger des Lebens: der Fortpflanzungszellen.

Wie es nun also möglich war, dass durch Auswahl der sich bietenden chemisch-physikalischen Variationen des Protoplasmas sich specifische Körperzellen differenzirten — je eine Art für jede somatische Funktion —, so musste es auch möglich sein, dass gerade solche Variationen zur Herrschaft gelangten, deren Constitution ein Aufhören der Funktionirung nach bestimmter Zeit mit sich brachte. Dies wäre aber dann wenn man es auf die Gesammtheit der somatischen Zellen bezieht, nichts Anderes als der erste natürliche Tod. Ob man nun die beschränkte Dauer der zu Körperzellen specialisirten Zellen als blosse Folge ihrer Differenzirung anzusehen habe, oder zugleich auch als Folge eines speciell auf Abkürzung ihrer Lebensdauer gerichteten Selectionsprocesses, könnte, wie bereits erwähnt, zweifelhaft scheinen; ich neige mich aber dennoch mehr der letzteren Ansicht zu, denn wenn es nützlich gewesen wäre, dass die somatischen Zellen die ewige Dauer ihrer Vorfahren, der einzelligen Wesen, behalten hätten, so müsste das wohl ebenso gut möglich gewesen sein, als es später noch — bei den höheren Metazoën — möglich war, dass ihre Lebens- und Fortpflanzungsdauer auf das Hundert- und Tausendfache wieder verlängert wurde. Es lässt sich zum mindesten kein Grund angeben, weshalb es nicht möglich gewesen sein könnte.

Was man sich nun aber hier als die **direkten Motive des Selectionsvorgangs** zu denken hätte, das ist bei der geringen Kenntniss, welche wir vom Leben und der Fortpflanzung niederster Metazoën haben, schwer zu errathen; worin der direkte Vortheil lag, durch welchen die nur zu begrenzter Dauer befähigte somatische Zelle den Sieg davontrug über die zu ewiger Dauer befähigte, wer wollte wagen, dies mit Bestimmtheit zu sagen? vielleicht eben gerade in der besseren Funktionirung in ihrer speciellen, physiologischen Aufgabe, vielleicht aber auch in einem Plus von Materie und Kraft, welches durch diesen Verzicht der Körperzellen den Fortpflanzungszellen zu gute kam und dem Ganzen grössere Widerstandskraft im Kampf ums Dasein verlieh, als es gehabt hätte, wenn alle Zellen gleich dauerhaft hätten eingerichtet werden müssen. Aber wer vermöchte heute schon in diese innersten Beziehungen der Organismen einen klaren Blick zu thun, zumal wenn es sich um solche niederste Metazoënformen handelt, die, wie es scheint, in der heutigen Lebewelt nur sehr spärlich noch vertreten sind, und deren äussere Lebenserscheinungen wir nur von zwei Arten kennen, deren Abstammung zweifelhaft ist, die aber beide jedenfalls viel von ihrem ursprünglichen Wesen, sowohl in Bau als Funktion, durch Parasitismus verloren haben. Nur die Orthonectiden und Dicyemiden kennen wir einigermaassen; von der einzigen, bis jetzt bekannten frei lebenden Form, dem von F. E. Schulze entdeckten Trichoplax adhærens kennen wir die Fortpflanzung noch gar nicht, und auch die übrigen Lebenserscheinungen noch zu wenig, als dass sich darauf irgend Etwas aufbauen liesse.

Hier mag es am Platz sein, noch einmal auf die Ableitung des Metazoëntodes zurückzukommen, wie sie Götte von den Orthonectiden aus versuchte, als er vergass, dass nach seiner

Anschauung der natürliche Tod ja schon von den Monoplastiden her ererbt ist, also nicht noch einmal auf eine ganz neue Weise bei den Polyplastiden entstehen kann. Danach hätte der Tod bei jenen niedersten Metazoën in Folge der Keimentleerung nothwendig eintreten müssen und wäre dann durch seine stete Wiederholung schliesslich erblich geworden. Dabei ist aber nicht zu vergessen, **dass die Todesursache in diesem Falle eine rein äusserliche wäre**, darin bestehend, dass die übrigbleibenden somatischen Zellen nach Ablösung der Fortpflanzungszellen nicht mehr, oder nicht mehr genügend ernährt werden könnten; also der Grund ihres Absterbens läge nicht in ihrer Constitution, sondern in den ungünstigen Bedingungen, unter welche sie geratben; wir hätten also hier nicht die Einrichtung des **natürlichen** Todes, sondern vielmehr einen **künstlichen** Tod, der sich nur regelmässig bei jedem Individuum zur selben Zeit wieder einstellte, weil es zu gewisser Lebenszeit stets wieder in dieselben ungünstigen Bedingungen seines Weiterlebens geriethe. Es wäre kaum viel anders, als wenn die Lebensbedingungen einer Art es mit sich brächten, dass jedesmal nach einer gewissen Dauer der Existenz der Hungertod über sie hereinbräche. Nun wissen wir aber doch, dass bei den höheren Metazoën der Tod aus rein innern Ursachen eintritt, dass er in der Organisation selbst vorgesehen ist als das normale Ende des Lebens; wir hätten also mit dieser Ableitung nichts gewonnen, sondern müssten dann dem eigentlichen, aus innern Ursachen eintretenden natürlichen Tod in einer späteren Periode der Metazoën-Entwicklung nachspüren.

Allerdings wird es ja an Solchen nicht fehlen, welche glauben, aus dem bei jedem Individuum immer wieder von Neuem und zur selben Zeit eintretenden künstlichen Tod, wie er eben für die Orthonectiden vorausgesetzt wurde, könne mit der Zeit ein natürlicher Tod entstanden sein, allein ich würde einer solchen Ansicht nicht zustimmen können, **weil sie die Vererbung erworbener Eigenschaften voraussetzt**, die mir nicht nur nicht bewiesen, sondern auch solange als nicht annehmbar erscheint, als sie nicht direkt oder indirekt erwiesen ist[1]). Ich wüsste mir keine Vorstellung davon zu machen, wie es möglich sein sollte, dass dieser angenommene Hungertod der somatischen Zellen sich den Keimzellen derart mittheile, dass sie nun in der folgenden oder einer der folgenden Generationen einen Organismus aus sich entwickelten, dessen somatische Zellen von selbst abstürben, wenn die Zeit herankommt, in welcher ihre Vorfahren dem Hungertod erlagen. Ich vermöchte mir davon ebensowenig irgend eine haltbare theoretische Vorstellung zu machen, als davon, dass die Nachkommen eines Katzenpaars, dem man die Schwänze abgehauen hat, schwanzlos geboren werden sollten, oder, um genauer beim Beispiel zu bleiben, den Schwanz in derselben Lebensperiode verlieren sollten, in welcher er den Aeltern abgehauen worden war. Auch würde sich die Begreiflichkeit eines solchen Zusammenhangs dadurch für mich nicht erhöhen, wenn man annähme, die künstliche Schwanzentfernung sei bereits durch Hunderte von Generationen fortgesetzt worden. Mir scheint eine solche, wie überhaupt jede Veränderung nur dann denkbar und möglich, wenn sie von Innen heraus eingeleitet wird, d. h. wenn sie von Keimesveränderungen ausgeht. Hier also würde ich mir vorstellen, dass bei dem Uebergang der Homoplastiden in Heteroplastiden Keimesvariationen aufträten, welche es den unausgesetzt thätigen Selectionsprocessen möglich machten, die vorher ganz gleichen Zellen der Colonie in ungleiche zu differenziren, und zwar einerseits in vergängliche Körperzellen, andererseits in unsterbliche Fortpflanzungszellen.

Es ist übrigens ausserdem auch eine Täuschung, wenn man glauben wollte, den natürlichen Tod erklärt zu haben, wenn man ihn mit Zuhilfenahme der unbewiesenen Annahme der Vererbung erworbener Abänderungen aus dem Hungertod des Orthonectiden-„Soma" ableitete. Es wäre doch vorher erst zu erklären, warum diese Organismen nur eine

---

[1]) Vergleiche: Aufsatz II.

beschränkte Zahl von Keimzellen hervorbringen, um diese dann auf einmal zu entleeren und so das Soma in seine hülflose Lage zu versetzen! Warum werden denn nicht Keimzellen auf Keimzellen hervorgebracht, wie es doch bei den Monoplastiden indirekt geschah — nämlich in den Generationsfolgen — und wie es bei den Metazoën direkt so vielfach geschieht? Dann würde das Soma nicht absterben müssen, denn nun bliebe ja immer ein junger Satz von Keimzellen zurück und ermöglichte das Weiterleben. Offenbar setzt diese ganze Einrichtung der einmaligen Bildung von Keimen und der plötzlichen Entleerung derselben schon die Hinfälligkeit der somatischen Zellen voraus, es ist eine Anpassung an dieselben, wie diese Hinfälligkeit selbst auch wiederum als eine Anpassung an die einmalige Keimeserzeugung zu betrachten ist. Kurz, es bleibt nichts übrig als die oben schon aufgestellte Annahme, dass mit der Differenzirung der ursprünglich gleichartigen Zellen der Polyplastiden in ungleichartige auch die Hinfälligkeit der somatischen Zellen sich ausbildete. Diese aber ist der erste Anfang des natürlichen Todes.

Zuerst mag die Masse der somatischen Zellen die der Fortpflanzungszellen nur wenig übertroffen haben, und solange blieb die ganze Erscheinung wenig augenfällig; die „Leiche" war eine sehr kleine, in dem Maasse aber, als die Menge der Körperzellen relativ zunahm, überwog der Körper immer mehr im Gegensatz zu den Keimzellen, und das Absterben desselben erschien dann, wie der Tod der höheren Thiere, nach dem sich der Begriff gebildet hat, als beträfe er das Individuum in seiner Gesammtheit, während doch in Wahrheit auch hier nur die eine Hälfte desselben dem natürlichen Tod verfallen kann, die freilich dann die unsterbliche Hälfte um das Vielfache an Volum übertrifft.

Götte bestreitet, dass der Begriff des Todes nothwendig eine Leiche bedinge. So soll denn auch bei den Orthonectiden der Zellenschlauch, der bei der Entleerung der Keimzellen zurückbleibt und abstirbt, keine Leiche sein, da er „ebensowenig wie das isolirte Ektoderm anderer Heteroplastiden den Gesammtorganismus darstellt" (a. a. O. p. 48). Es mag nun ja der populären Vorstellung durchaus entsprechen, unter einer Leiche den Gesammtorganismus sich vorzustellen, ja, bei gewaltsam erfolgtem Tod ist dies wirklich so, weil dann auch sämmtliche Fortpflanzungszellen vom Tode mit betroffen werden; ist man aber einmal zu der Erkenntniss gelangt, dass Fortpflanzungs- und somatische Zellen einander gegenübergestellt werden müssen als sterbliche und unsterbliche Hälfte des Metazoën-Organismus, dann wird man auch zugeben, dass vom natürlichen Tod eben nur die ersteren, d. h. das Soma ohne die Fortpflanzungszellen, getroffen wird. Es ändert daran Nichts, wenn es etwa vorkommen sollte, dass nicht sämmtliche Fortpflanzungszellen vor dem Eintritt des natürlichen Todes aus dem Körper entfernt werden. Bei Insekten z. B. gelangen wohl nicht immer alle Keimzellen zur Reife, wenn der natürliche Tod eintritt, und sterben dann mit dem Soma. Das thut aber ihrer ursprünglichen Befähigung zur Unsterblichkeit so wenig Eintrag, als es den wissenschaftlich gefassten Begriff der Leiche verändert. Dieser kann sich beim natürlichen Tod nur auf das Soma beziehen, und wenn dabei Fortpflanzungszellen zuweilen mitsterben, so verfallen sie nicht einem natürlichen Tod, der für sie überhaupt nicht existirt, sondern einem accidentellen: der Tod des Soma hat auf sie die Wirkung einer zufälligen Todesursache.

Es scheint mir auch für den wissenschaftlichen Begriff der Leiche ziemlich gleichgültig, ob das abgestorbene Soma als ein Ganzes einige Zeit bestehen bleibt, oder sofort zerfällt, und ich kann auch hierin Götte nicht beistimmen, wenn er den Orthonectiden „die Möglichkeit der Bildung einer Leiche" (in seinem Sinne) abspricht, weil ihr Tod „in einer Auflösung des morphologischen Bestandes des Organismus" besteht. Wenn die Rhabditis-Brut des Ascaris nigrovenosa die Eingeweide ihrer Mutter zerwühlt, zum Zerfall bringt und endlich aufsaugt, so zerfällt auch der „Gesammtorganismus", und es möchte schwer sein, anzugeben, wann hier eine Leiche im populären Sinne des Wortes vorliegt; im wissenschaftlichen Sinne aber ist eine vorhanden, das reale Soma des Thieres stirbt ab und dies allein kann als Leiche bezeichnet werden. Dass es aber nicht überflüssig ist, diesen Begriff wissenschaftlich zu verwerthen, erhellt am besten daraus, dass der natürliche Tod nur schwer gefasst werden kann, wenn man nicht den Begriff der Leiche hinzunimmt. Es gibt keinen Tod ohne Leiche, mag dieselbe nun gross oder klein, ein Ganzes, oder zerfallender Detritus sein.

Wenn wir aber den Körper der höheren Metazoën mit dem der niedersten vergleichen, so erkennen wir, dass nicht blos die Masse und Verwicklung des Baues sich auf Seite des Soma (Körpers) ungemein gesteigert hat, sondern dass noch ein anderes Moment hinzugekommen ist, welches die Dauer desselben um ein Wesentliches verlängert: der Zellenersatz. Die somatischen Zellen haben — ob alle oder nur die der meisten Gewebe steht noch nicht ganz fest — die Fähigkeit bekommen, sich zu vermehren, nachdem schon der Körper aus dem Keim sich fertig aufgebaut hat; die schon histologisch differenzirten Zellen können sich durch Theilung vermehren und so einen Ersatz schaffen für die im Stoffwechsel fort und fort verbrauchten Zellen. Der Unterschied von jenen ersten und niedersten Metazoën liegt also dann darin, dass dort die somatischen Zellen nur in einer Generation auftreten, deren Verbrauch durch den Stoffwechsel zeitlich mit der Entleerung der Fortpflanzungszellen nahezu zusammenfällt, dass hier dagegen eine Reihe von Generationen somatischer Zellen aufeinander folgt. In dieser Weise habe ich bereits früher die Lebensdauer der Thiere dem Verständniss näher zu bringen gesucht, und die verschiedene Dauer des thierischen Lebens von der verschiedenen Zahl von Zellgenerationen abhängig gedacht, auf welche der Körper der verschiedenen Arten normirt ist[1]). Man wird noch die ver-

---

[1]) „Dauer des Lebens" p. 27.

schiedene Lebensdauer jeder einzelnen Zellgeneration hinzunehmen dürfen, die natürlich das Gesammtresultat wesentlich beeinflusst und die erfahrungsgemäss eine verschiedene ist, nicht nur bei den niedersten Metazoën im Vergleich mit den höchsten, sondern auch bei den einzelnen Zellenarten ein und derselben Thierart.

Durch welche Aenderungen in der physischen Constitution des Protoplasmas jene Aenderungen vor sich gehen in der Dauerfähigkeit der einzelnen Zelle und in ihrer Normirung auf eine grössere oder geringere Zahl von Tochtergenerationen, das ist eine Frage, die für jetzt ganz bei Seite bleiben muss. Ich würde dies als selbstverständlich auch gar nicht erwähnen, wenn nicht jeder Versuch, um einen Schritt tiefer in die allgemeinen Erscheinungen des Lebens einzudringen, stets wieder dem Einwurf begegnete, dass dieser Schritt keinen Werth habe, da man ja doch so Vieles noch 'unverstanden lassen müsse. Wenn man mit der Klarlegung der hier besprochenen Beziehungen hätte warten wollen, bis man die Molekularstruktur der Zelle, ihre Veränderungen und Folgen übersieht, so würde man wahrscheinlich niemals weder zu dem Einen, noch zu dem Andern gelangt sein, denn nur schrittweise ist ein Eindringen in die verwickelten Vorgänge des Lebens möglich, und nur indem von allen Seiten her die Angriffe aufgenommen werden, kann es gelingen, auch dereinst an die Enträthselung der tieferen Grundlagen des Lebens zu gelangen.

Es scheint mir desshalb immerhin schon ein Fortschritt, wenn wir annehmen dürfen, dass die Dauer des Lebens an die Zahl von Generationen somatischer Zellen gebunden ist, welche sich im Laufe des Einzellebens folgen können, und dass diese Zahl ebenso wie die Dauer der einzelnen Zellgeneration schon in der Keimzelle gegeben ist. Diese Anschauung scheint mir auch insoweit sicher zu stehen, als wir ja sehen, dass in der That die Dauer der einzelnen Zellgeneration und die Zahl derselben sich von den niedersten bis zu den höchsten Metazoën hin thatsächlich erheblich vergrössert hat.

Ich habe früher schon[1]) zu zeigen versucht, wie genau die Dauer des Lebens den Lebensbedingungen angepasst ist, wie sie verlängert und verkürzt wurde im Laufe der Artenbildung je nach den Lebensbedingungen der Art, kurz wie sie durchaus als eine Anpassung an die Bedingungen des Lebens erscheint; es bleiben mir aber noch einige Punkte zu besprechen, die damals nicht berührt wurden und die geeignet sind, gerade auf die Einrichtung des natürlichen Todes und die Formen, unter denen er auftritt, einiges Licht zu werfen.

Ich habe oben die beschränkte Dauer der Körperzellen bei niedersten Metazoën (Orthonectiden) als Anpassungserscheinung aufgefasst und von einem Selectionsprocess hergeleitet, zugleich auch darauf hingewiesen, dass an und für sich ein ewig lebender Metazoën-Organismus denkbar gewesen wäre. So gut die Monoplastiden sich fort und fort durch Theilung vermehren, so gut hätten es ihre späteren Nachkommen auch dann thun können, als Arbeitstheilung den Gegensatz von Keimzellen und somatischen Zellen hervorgerufen hatte. So gut die Homoplastiden-Zellen fort und fort ihres Gleichen erzeugen konnten, müsste dies auch bei den beiden Arten von Heteroplastiden-Zellen möglich gewesen sein — soweit es einfach nur von der Fähigkeit unbegrenzten Fortpflanzungsvermögens abhängt.

Allein die Existenzfähigkeit organischer Arten hängt eben nicht blos von den in ihnen liegenden Fähigkeiten ab, sondern zugleich von ihren Beziehungen zur Aussenwelt, und darin liegt die Nothwendigkeit dessen, was wir Anpassung nennen. So ist es in diesem Fall eben nicht denkbar, dass eine homogene oder heterogene Zellen-Colonie vom physiologischen Werthe eines vielzelligen Individuums unbegrenzt anwüchse durch fortgesetzte Vermehrung ihrer Zellen, so wenig als es

---

[1]) Vergl. Aufsatz I.

denkbar wäre, dass ein einzelliges Wesen unbegrenzt zunähme. In dem letzteren Falle setzte ein Theilungsprocess dem Wachsthum seine Grenze, in dem ersteren aber mussten die Ernährungs-, Athmungs-, Bewegungs-Erfordernisse der als Individuum höherer Ordnung zusammengefassten Zellen-Colonie eine ebenso bestimmte Grenze des Wachsthums vorschreiben, wie dem einzelnen Monoplastid, und es hindert Nichts, uns diese Normirungen durch einen Selectionsprocess geregelt zu denken. Erst damit aber, dass die Zellen-Zahl innerhalb enger Grenzen bestimmt wurde, konnten sich die Beziehungen der Einzelzellen der Colonie zu einander fest gestalten. Bei Homoplastiden nach Art der Magosphæra ordneten sie sich in statu nascenti in bestimmter Weise zu einer Kugel, verbunden durch eine gemeinsame Gallerte; was aber noch wichtiger ist: die Fortpflanzung durch Theilung erfolgte nun nicht mehr nach dem einfachen Rhythmus der einzelligen Wesen fort und fort in der gleichen Weise, sondern es stellte sich ein Rhythmus höherer Ordnung ein, derart, dass jede der Zellen, welche die Colonie zusammensetzte, wenn sie eine bestimmte Grösse erreicht hatte, sich von den übrigen trennte und nun in rascher Folge eine bestimmte Anzahl von Theilungen durchmachte, welche sie in eine neue junge Zell-Colonie umwandelte. Die Anzahl der Theilungen richtete sich nach der Anzahl der Zellen, auf welche die Colonie normirt war, und mag vielleicht mit einer sehr niederen Ziffer begonnen haben. **Mit Einführung dieses zweiten höheren Rhythmus der Fortpflanzung war der erste Polyplastiden-Keim gegeben**, denn nun war nicht mehr, wie früher, bei den Einzelligen jede Theilung der andern gleichwerthig, sondern bei einer zehnzelligen Colonie unterschied sich die erste Theilung von der zweiten, dritten bis zehnten nicht nur durch die Grösse der Theilprodukte, sondern auch durch die Entfernung vom Ende der Theilungsperiode, die wir nun als Furchungsprocess bezeichnen können.

Es scheint mir dabei ganz nebensächlich, ob der erste Furchungsprocess frei im Wasser, oder innerhalb einer

Cyste vor sich ging, wenn ich auch zugebe, dass möglicherweise schon früh das Bedürfniss hervortrat, solche in Furchung begriffene Keime vor äusserer Gefährdung durch eine schützende Hülle zu sichern.

Was aber den Begriff des „Keimes" selbst angeht, so wird man ihn im Sinne Götte's nicht annehmen können, und es fragt sich, wie man ihn sonst fassen will. Mir scheint es dem Wortsinn am meisten zu entsprechen, wenn man unter Keim ganz allgemein jede Zelle, Cytode oder Gruppe von Zellen versteht, welche noch nicht den Bau des fertigen Individuums der Art besitzt, wohl aber die Fähigkeit, sich unter gewissen Bedingungen zu einem solchen zu entwickeln. Der Schwerpunkt liegt hier auf dem Begriff der Entwicklung, welcher dem einfachen Wachsthum ohne Umgestaltung der Form gegenüber gestellt ist; eine Zelle, welche blos durch Wachsthum zum reifen Individuum wird, ist kein Keim, sondern eben schon ein Individuum, nur ein kleineres. So z. B. ist ein aus mehrfacher Theilung hervorgegangenes, eingekapseltes Sonnenthierchen kein Keim in diesem Sinne, sondern es ist bereits ein mit allen charakteristischen Merkmalen der Art versehenes Individuum und hat nur eingezogene Theile (die Pseudopodien) wieder zu entfalten oder ausgepresstes Wasser wieder aufzunehmen (Vacuolenbildung), um zum freien Leben wieder befähigt zu sein. Wenn nun aber auch Keime in diesem Sinne des Wortes gewiss nicht ausschliesslich blos den Polyplastiden zukommen, sondern sich auch bei manchen Monoplastiden vorfinden, so scheint mir doch ein bedeutungsvoller und tiefgreifender Unterschied zwischen den Keimen beider Gruppen zu bestehen. Er liegt nicht sowohl in der morphologischen als in der entwicklungsgeschichtlichen Bedeutung des betreffenden Gebildes. Soweit ich die Thatsachen überblicke, sind die Keime der Monoplastiden durchweg secundären Ursprungs, sie sind niemals die phyletische Wurzel der betreffenden Art. So ist z. B. die Sporenbildung, wie sie bei Gregarinen vorkommt, offenbar hervorgegangen aus einer allmälig gesteigerten und auf den encystirten Zustand concentrirten Theilung des Thieres, veranlasst durch das Bedürfniss einer massenhaften Vermehrung dieser parasitisch lebenden und vielen ungünstigen Zufällen preisgegebenen Wesen. Wären die Gregarinen für freies Leben organisirt, so würden sie eine derartige Fortpflanzung nicht bedürfen, und das encystirte Thier würde sich vielleicht nur in acht, vier oder zwei Theile spalten, oder wie viele Infusorien sich gar nicht theilen[1]), so dass die ganze Fortpflanzung dann rein nur auf der Zweitheilung im freien Zustand beruhte.

Die ursprüngliche Art der Fortpflanzung ist bei den Monoplastiden ohne Zweifel die Zweitheilung gewesen, diese verband sich dann mit der ursprünglich ohne Vermehrung verlaufenden Encystirung, und erst, indem die Theilung sich innerhalb der Cyste mehrfach, zuletzt vielfach wiederholte, entstanden so kleine Plastiden, dass ein wirklicher **Entwicklungsprocess** nöthig wurde, um sie wieder zum fertigen Thier auszugestalten. Damit haben wir dann den allgemeinen Begriff des **Keims**, wie er eben definirt wurde, dessen Grenzen natürlich keine scharfen sein können, da man einen absoluten Unterschied zwischen blossem Wachsthum und wirklicher, mit Form- und Bauveränderungen verbundener Entwicklung nicht machen kann. Die vielen Plastiden, in welche z. B. die Häckel'sche Protomyxa aurantiaca innerhalb ihrer

---

[1]) Für alle diese Annahmen finden sich thatsächliche Belege bei den Infusorien. Das encystirte Colpoda Cucullus Ehrbg. theilt sich in 2, 4, 8 oder 16 Sprösslinge; Otostoma Carteri in 2, 4 oder 8; Tillina magna Gruber in 4 oder 5; Lagynus sp. Gruber in 2; Amphileptus meleagris Ehrbg. in 2 oder 4, und bei den beiden letzten Arten, wie noch bei manchen andern findet nicht selten auch keine Vermehrung innerhalb der Cyste statt. Während aber bei frei lebenden Infusorien eine noch weiter gehende Vermehrung innerhalb der Cyste nicht vorkommt, beweist uns der interessante Fall des Ichthyophthirius multifiliis, Fouquet, dass parasitische Lebensweise auch bei dieser Klasse eine ungemein gesteigerte Vermehrung hervorrufen kann, indem hier das eingekapselte Thier sich in mindestens 1000 Sprösslinge theilt.

Cyste zerfällt, kann man wohl als Keime bezeichnen, allein die Formveränderungen, die sie bis zur jungen Protomyxa durchmachen, sind gering und beruhen wohl zum grössten Theil auf der allmäligen Ausbreitung des vorher in der Kapsel birnförmig zusammengedrückten Körpers. Man müsste also genauer hier nur von einfachem Auswachsen der Theilungsproducte des Mutterthiers sprechen und diese selbst nicht als „Keime", sondern schon als junge Protomyxen bezeichnen. Bei der Gregarina gigantea, deren Entwicklung E. van Beneden beschrieb, ist dagegen das aus dem Keim (der „Spore") auskriechende junge Thier wesentlich verschieden von einer Gregarine und macht eine Reihe von Entwicklungsstadien durch, welche erst allmälig zu dieser so charakteristischen Form hinführen.

Hier liegt also eine **Entwicklung** vor.[1]) Diese Art der Keimbildung und Entwicklung kommt aber, wenn nicht ausschliesslich, so doch vorwiegend bei schmarotzenden Monoplastiden vor, und schon allein dieser Umstand deutet auf ihre secundäre Entstehung hin. Jedenfalls unterscheidet sich diese ontogenetische Entwicklung von der der Polyplastiden von Grund aus dadurch, **dass sie nicht auf die phyletischen Anfangszustände der Art zurückgeht, sondern umgekehrt uns Zustände vorführt, die erst mit der phyletischen Entwicklung dieser specifischen Formen ins Leben traten.** Erst als die Gregarinen entstanden, bildeten sich die Psorospermien, und die amöbenartigen Jungen, welche aus ihnen hervor-

---

[1]) Eine Entwicklung liegt auch bei dem oben erwähnten Ichthyophthirius vor. Während bei den übrigen Infusorien die Theil-Sprösslinge des encystirten Thiers diesem völlig ähnlich sind, unterscheiden sie sich hier von diesem durch andere Gestalt, Abwesenheit des Saugmunds, ja sogar anfänglich durch provisorische Haftfäden. Sie können desshalb mit Recht als Keime bezeichnet werden und bilden einen interessanten Beleg zu der phyletischen Entstehung der Keime bei niedern Flagellaten und bei Gregarinen. Vergl. Fouquet, „Arch. Zool. expérimentale", Tom V, p. 159, 1876.

schlüpfen, dürfen keineswegs als die Urformen der Gregarinen aufgefasst werden, möchten jene auch selbst so ausgesehen haben, sondern als coenogenetische Formen, entstanden aus der Nothwendigkeit, massenhafte und desshalb sehr kleine Keime hervorzubringen, auf deren geringer Substanzmenge, vielleicht aber auch noch auf andern Motiven, wie Wirthswechsel, Wechsel des Mediums u. s. w., die Nothwendigkeit einer wirklichen **Entwicklung** beruhte. Daraus ergibt sich somit, dass **das biogenetische Grundgesetz keine Anwendung findet auf die Monoplastiden, und zwar desshalb, weil sie entweder überhaupt keine eigentliche Ontogenese besitzen, sondern nur Wachsthum, oder aber nur eine coenogenetische Ontogenese**[1]).

Man ist vielleicht geneigt, diesen Satz dahin einzuschränken, dass doch die Möglichkeit zuzugeben wäre, es könne auch hier gelegentlich einmal eine Ontogenese vorkommen, deren Stadien den phyletischen Stadien der Artentwicklung der Hauptsache nach entsprächen, dass aber die Wiederholung der Phylogenese in der Ontogenese hier immer nur als seltene Ausnahme, nicht als Princip vorkomme.

Genauere Ueberlegung ergibt indessen, dass das Vorkommen solcher Ausnahmen zu den grössten Unwahrscheinlichkeiten gehört. Damit eine solche Ontogenese zu Stande käme, müsste es sich so fügen, dass z. B. ein niederstes Monoplastid, z. B. ein **Moner**, sich gerade zufällig unter

---

[1]) Bütschli hat schon vor geraumer Zeit die allgemeine Gültigkeit des biogenetischen Grundgesetzes bei den Protozoën angezweifelt (vergleiche: „Ueber die Entstehung des Schwärmsprösslings der Podophrya quadripartita", Jenaische Zeitschr. f. Med. u. Naturw. Bd. X, p. 19, Anmerkung); später äusserte Gruber ähnliche Ansichten, indem er den Protozoën eine „Entwicklung" überhaupt absprach und nur ein Wachsthum zuerkannte („Dimorpha mutans", Zeitschr. f. wiss. Zool. Bd. XXXVII, p. 445), ein Satz, der, wie aus dem Obigen hervorgeht, etwas eingeschränkt werden muss, dahin, dass zwar eine Entwicklung vorkommen kann, aber nur eine coenogenetische, keine palingenetische.

solchen äusseren Bedingungen zu einer höheren Form, etwa
einem mit Mund, Augenfleck und differenzirter Rindenschicht
versehenem Geisselinfusorium entwickelt hätte, dass es
vortheilhaft für seine Art-Existenz gewesen wäre, sich nicht
wie bisher durch einfache Theilung fortzupflanzen, sondern
die vorher etwa schon eingeführte periodische Cystenbildung
mit zahlreichen Theilungen innerhalb der Cyste, und mit
Bildung von Keimen zu verbinden, deren Kleinheit es entweder
nicht erlaubte, dass die jungen Sprösslinge sofort wieder
Geisselinfusorien wurden (?), oder die es doch vortheilhaft erscheinen liess, dass sie zunächst als Moneren sich bewegten,
ernährten und erst allmälig die complicirtere Structur annahmen. Mit andern Worten: die phyletische Entwicklung
müsste genau gleichen Schritt gehalten haben mit der Einführung einer ihr entsprechenden Ontogenese als Anpassung
an die gerade obwaltenden Existenzbedingungen,
also nicht etwa aus innern Gründen! Da nun auch die Trans-
mutation der Art selbst auf diesen Existenzbedingungen beruht, so würden dieselben gerade derart gewesen sein müssen,
dass sie gleichzeitig die Umwandlung der Stammform
im Endstadium der Ontogenese und die Beibehaltung
derselben als Anfangsstadium durch Einschiebung von
Keimen und einer wirklichen Entwicklung bewirkt hätten.
Dies wird sich aber kaum jemals so getroffen haben. So
würde man dem gewählten Beispiel sofort entgegenhalten
können, dass die postulirte Bildung massenhafter Keime bei
freilebenden Monoplastiden nicht vorkommt, die parasitischen
aber alle weit jüngere phyletische Formen sein müssen, da
doch erst ihre Wirthe, niedere oder höhere Metazoën, entstanden sein mussten, ehe sie in dieselben einwandern und
sich den Bedingungen parasitischen Lebens anpassen konnten;
zu dieser Zeit waren aber die Geisselinfusorien schon entstanden. Noch viel weniger wahrscheinlich wird aber die Beibehaltung oder vielmehr die Hereinziehung der Vorfahren-
Formen in den Cyclus einer Ontogenese, wenn es sich nicht
blos um zwei Stadien — wie vorhin angenommen wurde —

handelt, sondern um eine ganze Reihe. Denn sobald die Fortpflanzung nur auf einfacher Theilung des fertigen Thieres beruht, so liegt, wie mir scheint, nicht nur kein Grund vor, wesshalb dann die früheren phyletischen Stadien immer wieder recapitulirt werden sollten, sondern eine solche Recapitulation ist einfach unmöglich. Es ist desshalb nicht zulässig, aus dem abweichenden Jugendstadium eines Monoplastids, z. B. einer Acinete, den Schluss zu ziehen, dass dieses dem phyletischen Jugendstadium entsprechen müsse.

Man nehme z. B. an, die Acineten seien aus Ciliaten entstanden, so wird diese Umwandlung im Laufe fortgesetzter Theilungen des Stamm-Ciliats vor sich gegangen sein müssen, theils verbunden mit Encystirung, theils, und zwar grösstentheils, ohne solche. Zählen wir nach Myriaden von Generationen, so wird vielleicht die erste Myriade nur Saugfüsschen getrieben, die zweite Myriade allmälig auch zur sitzenden Lebensweise gekommen sein, aber während dieser ganzen langen Reihe von Generationen wird immer jede Generation der vorhergegangenen beinahe vollständig geglichen haben und wird immer sofort aus vollständigen, die Species-Charaktere an sich tragenden Individuen bestanden haben.

Diess schliesst nicht aus, dass sich etwa mit der Annahme sitzender Lebensweise auch das Bedürfniss eingestellt haben könnte, zu irgend einer Zeit des Lebens beweglich zu sein und andere Nahrungs- und Wohnplätze aufsuchen zu können. Wenn aber dann statt einfacher Theilung schwärmende Knospensprösslinge gebildet wurden, so beruhte dies nicht auf einer Beibehaltung von Vorfahren-Formen im Cyclus der Ontogenese, sondern auf Einschiebung eines ganz neuen ontogenetischen Stadiums, das zufällig im Besitze von Wimpern u. s. w. mit dem Bau der Vorfahren zusammentraf.

Ich glaube damit hinreichend den obigen Satz motivirt zu haben, dass bei den Einzelligen eine Wiederholung der Phylogenese in der Ontogenese principiell nicht vorkommt, noch vorkommen kann.

Bei den Polyplastiden verhält es sich gerade umgekehrt. Hier gibt es, soviel wir wissen, keine Art, welche nicht immer wieder, sei es mit jedem neuen Individuum, sei es in grösseren, mehrere oder viele Individuen umfassenden Perioden, wieder zum Monoplastiden-Stadium zurückkehrte. Dies beginnt bei den niedersten Polyplastiden-Formen, der Magosphaera, den Orthonectiden, und geht hinauf bis zu den höchsten, und bei Letzteren sind immer auch eine ganze Anzahl der phyletischen Zwischenstadien erhalten, mögen auch noch so viele durch Zusammenziehung der Ontogenese ausgefallen oder andere eingeschoben worden sein.

Fragen wir aber nach dem „Warum" dieser durchgreifenden Einrichtung, so gibt es dafür nur eine, sehr nahe liegende Erklärung; diese ist: **die geschlechtliche Fortpflanzung.** Wenn wir auch ihre Nothwendigkeit mehr ahnen als wirklich erkennen, so müssen wir sie doch unbedingt zugeben, weil diese Form der Fortpflanzung überall durchgeht, in keiner Thiergruppe fehlt, und bei den wenigen Arten, bei welchen sie durch Parthenogenese ersetzt ist, entweder nur local, d. h. auf diesem oder jenem Wohngebiet (Apus) fehlt, oder überhaupt nur scheinbar, oder aber, falls sie wirklich fehlt (Limnadia, Hermanni), doch unzweifelhaft früher vorhanden war, ohne dass wir jetzt schon ermessen könnten, ob ihr Erlöschen nicht auch Degeneration und Erlöschen der betreffenden Art dereinst nach sich ziehen wird.

Wenn aber das Wesen der geschlechtlichen Fortpflanzung auf der Conjugation zweier gleich**werthiger**, aber ungleich**artiger**, d. h. individuell verschiedener morphologischer Elemente beruht, so lässt sich verstehen, dass vielzellige Wesen eine geschlechtliche Fortpflanzung nur dann haben können, wenn bei ihnen einzellige Entwicklungs-Zustände vorkommen, denn eine Verschmelzung vielzelliger Organismen in ihrer Totalität in der Weise, dass immer die gleichwerthigen Zellen zusammenträfen, scheint unausführbar. **So liegt denn in der Nothwendigkeit der geschlechtlichen Fortpflanzung zugleich auch die Nöthigung, immer** wieder zum Ausgangspunkt der Polyplastiden, zur einfachen Zelle zurückzukehren, und allein darauf beruht das biogenetische Grundgesetz. Dieses Gesetz ist somit einzuschränken auf die Polyplastiden, bei den Monoplastiden hat es keine Gültigkeit, und die Andeutungen Götte's, dass auch die Letzteren in der als „Verjüngung" gedeuteten Encystirung stets zum „Urzustand der Organismen" zurücksinken müssten, erhalten auch von dieser Seite her keine Stütze.

Ich habe seiner Zeit[1]) die Zweckmässigkeit des Todes in letzter Instanz darauf zurückgeführt, dass ewige Dauer des Metazoën-Körpers ein „unnützer Luxus" sein würde, weil die Individuen sich im Laufe der Zeit nothwendig abnutzen und damit „werthlos, ja sogar schädlich für die Art würden, indem sie Besseren den Platz wegnehmen". Ich hätte auch sagen können, dass solche beschädigte Individuen schliesslich doch früher oder später einem accidentellen Tode zum Opfer fallen, und von wirklicher Unsterblichkeit keine Rede sein könnte. Es bleibt mir noch übrig, diese Ansicht etwas genauer zu erläutern und auf einen oben schon berührten Punkt nochmals zurückzukommen.

Dass dies nicht das Motiv sein kann, das im Speciellen die Selectionsprocesse leitete, welche die Unsterblichkeit der Monoplastiden in die beschränkte Lebensdauer der Heteroplastiden verwandelten, oder richtiger, welche die Fähigkeit ewiger Dauer bei Letzteren auf die Propagationszellen beschränkte, liegt auf der Hand. An und für sich, theoretisch, liesse sich ja ein Selectionsprocess wohl ausdenken, in welchem sterbliche und unsterbliche Metazoën-Individuen der gleichen Art mit einander kämpften, und der Sieg denjenigen mit beschränkter Lebensdauer zufiele, weil die unsterblichen, je länger sie lebten, um so defecter werden, und um so wenigere und schwächlichere Nachkommen erzeugen müssten. Es wird aber Niemand einfallen, eine so plumpe Vorstellung des

---

[1]) Aufsatz I, p. 28 u. f.

Selectionsprocesses zu befürworten. Dennoch aber kommt — wie mir scheint — das hierbei in den Vordergrund gestellte Princip mit in Betracht, ja spielt eine ganz wesentliche Rolle bei Fixirung der Lebensdauer der Metazoën, nur ist seine Wirkung mehr negativer, als positiver Natur.

Wenn die ersten Heteroplastiden schon die Unsterblichkeit ihrer somatischen Zellen aufgaben, so liegt in diesem Verzicht doch Nichts, was die **Wiederaufnahme** derselben hätte verhindern können. So gut bei der Differenzirung der ersten somatischen Zellen bei niedersten Heteroplastiden die Dauer derselben auf eine einzige Generation normirt werden konnte, so gut musste es möglich sein, dieselbe später, wenn es von Nutzen wurde, auf zwei, drei, auf zahlreiche Generationen wieder zu verlängern, und wenn meine Anschauung von der Lebensdauer der Metazoën begründet ist, so sehen wir sie in der That bei den höheren Metazoën wieder zunehmen, ungefähr in dem Maasse, in welchem die Lebensdauer zunimmt. Wir haben nun durchaus keinen Grund zu der Annahme, dass es nicht möglich sein sollte, die Generationszahl wieder auf unendlich zu normiren, wie es bei den Fortpflanzungszellen der Fall ist, dagegen aber können wir sehr wohl einsehen, dass einer solchen Normirung stets jenes Nützlichkeits-Motiv entgegengestanden wäre, welches oben bezeichnet wurde: krüppelhafte Individuen hervorzubringen, lag zu keiner Zeit im Interesse einer Art, und so konnte auch die ewige Dauer der Individuen bei den Metazoën nie wieder eingeführt werden. Insofern also liegt allerdings der beschränkten Lebensdauer der Metazoën die Werthlosigkeit oder selbst Schädlichkeit der auf ewige Dauer berechneten, aber trotzdem abnutzbaren Individuen ganz allgemein zu Grunde; sie war die Ursache, dass die an und für sich mögliche Unsterblichkeit niemals wieder eingeführt wurde, sie lag der Herrschaft des Todes zu Grunde, ohne aber dessen erste Einzelursache gewesen sein zu müssen; **die Hinfälligkeit und Verletzbarkeit des Soma war der Grund, dass von der Natur keine Anstrengungen gemacht wurden,** diese Hälfte des Individuums mit unbegrenzter Lebensdauer auszurüsten.

Götte hält die Fortpflanzung für todbedingend, und in gewissem, ja in mehrfachem Sinne kann sie dies wirklich sein, wenn auch nicht in dem allgemeinen Sinn, in welchem es Götte meint.

Ich suchte oben zu zeigen, dass es für die Erhaltung der Art bei den niedersten Metazoën-Formen sich beinahe von selbst als das Nützlichste ergab, dass ihr Körper auf eine relativ geringe Zahl von Zellen normirt und so eingerichtet wurde, dass alle Keimzellen gleichzeitig reiften und entleert wurden. Es ergab sich daraus dann die Nutzlosigkeit eines Weiterlebens der somatischen Zellen, somit also die Normirung der Lebensdauer derselben auf die Zeit bis zur Ausstossung der Keimzellen. So fielen also Tod (des Soma) und Fortpflanzung zusammen.

Dieses Verhältniss ist nun in einer überaus grossen Zahl von Thierarten höheren Baues beibehalten worden. Nicht immer zwar blieb es bei der einmaligen Reifung von Keimzellen; je grösser und je höher organisirt das Soma wurde, je mehr dasselbe äusseren Gefahren Widerstand leisten, also auch eine längere wirkliche Lebensdauer durchschnittlich erreichen konnte, um so vortheilhafter musste es auch sein, nicht nur die Anzahl der Keimzellen zu vermehren, sondern auch die Zeit ihrer Bildung zu verlängern; so entstand eine Verlängerung der Fortpflanzungszeit, zuerst continuirlich, dann mit Perioden. Es liegt hier nicht in meiner Absicht, im Einzelnen darzulegen, von welchen Umständen diese Verlängerung abhängig zu denken ist, ich möchte vielmehr nur betonen, dass mit der Verlängerung der Fortpflanzung auch eine Verlängerung des Lebens verbunden war, dass aber zunächst noch kein Grund vorlag, das Leben über die Fortpflanzungszeit hinaus zu verlängern, so dass also auch jetzt noch Ende der Fortpflanzungszeit und Tod nahe zusammen fallen mussten.

Eine weitere Verlängerung des Lebens konnte erst dann

eintreten, wenn Brutpflege hinzutrat, deren niederste Formen wir bei solchen Thieren finden, die ihre Keimzellen nicht entleeren, wenn sie die Reife erlangt haben, sondern in sich behalten, so dass sie unter dem Schutz des mütterlichen Organismus die ersten Entwicklungsstadien durchlaufen können. Damit verbindet sich dann bisweilen das Bedürfniss der Keime, einen bestimmten Ort zu erreichen, der allein ihre fernere Entwicklung sichert. So lebt das Bandwurmglied so lange, bis es die Embryonen an Stellen gebracht hat, die denselben eine Möglichkeit bieten, in den Magen eines geeigneten Wirthes passiv versetzt zu werden. Erheblich aber verlängert sich die Lebensdauer erst da, wo wirkliche Brutpflege hinzukommt, und diese Verlängerung geht im Allgemeinen genau parallel der Zeit, welche die Sorge für die Brut in Anspruch nimmt. Gerade in Bezug auf diesen Punkt fehlt es zwar noch sehr an methodisch angestellten Beobachtungen, aber die Thatsache im Allgemeinen kann dennoch nicht zweifelhaft sein. Insekten, deren Fürsorge für ihre Brut mit der passenden Ablage der Eier beendet ist, leben auch nicht länger, als bis zu diesem Moment, und die Dauer ihres Imago-Lebens richtet sich dann danach, ob sie alle Eier auf einmal ablegen, oder ob dieselben periodisch reifen. Insekten dagegen, welche ihre Brut füttern, wie Bienen und Ameisen, haben eine auf Jahre ausgedehnte Dauer des Lebens.

Aber auch die Verlängerung der Fortpflanzung allein kann dieselbe bedeutende Verlängerung des Lebens mit sich bringen, wie die Bienenkönigin beweist. In allen diesen Fällen ist es leicht, sich die Selectionsprocesse vorzustellen, durch welche die Verschiebung der Lebensdauer zu Stande kam, ja, man würde sie genau nachrechnen können, wären die dazu nöthigen Daten bekannt: die physiologischen Kräfte des Körpers und die Beziehungen zur Aussenwelt; also z. B. der auf bestimmte Zeit entfallende Nahrungserwerb und der Kraftaufwand, der zu seiner Herbeischaffung erforderlich, ferner die Vernichtungsziffer, d. h. die Höhe der Wahrscheinlichkeit für das einzelne Individuum, in einer gewissen

Zeiteinheit einem accidentellen Tode zu verfallen; und zwar müsste diese Vernichtungsziffer sowohl für den Imago-Zustand, als für die abgelegten Eier und das Larvenstadium bekannt sein, denn je niedriger sie bei der Imago, je höher sie bei den Eiern und Larven ist, um so mehr wird es ceteris paribus vortheilhaft sein, wenn die Zahl der Eier, welche die Imago liefert, vermehrt wird, wenn also eine lange andauernde Eiproduction, d. h. eine Verlängerung des Imago-Lebens eingeführt wird. Allein von einer wirklichen Anwendung der Mathematik auf die Erscheinungen des Lebens sind wir auch hier noch weit entfernt, der Faktoren sind zu viele, und der Versuch ihrer exacten Bestimmung hat noch nicht einmal begonnen.

Im Princip aber wird man zugeben dürfen, dass eine Verlängerung und auch eine Verkürzung der Lebensdauer durch Selectionsprocesse möglich ist, und dass sie allein ein Verständniss der genauen Anpassung der Lebensdauer an die Lebensbedingungen ermöglicht.

Dass auch Verkürzungen der normalen Lebensdauer vorkommen, zeigen jene Fälle plötzlichen Todes nach einmaliger reichlicher Eiablage, wie sie bei Insekten beobachtet werden, deren nächsten Verwandten eine über mehrere Tage ausgedehnte Eiablage und also auch ein ebenso langes Imago-Leben besitzen; Beispiele derart lassen sich bei Ephemeriden und Schmetterlingen leicht beibringen, und ich habe deren früher einige [1]) zusammengestellt. Der Windenschwärmer fliegt wochenlang umher, um seine Eier einzeln, bald hier und bald dort abzulegen, und stirbt vermuthlich wie seine Verwandten, der Pappel- und Lindenschwärmer, erst, wenn die Eier alle abgelegt sind, die er überhaupt vermöge seines Ernährungs-Zustandes zur Reife bringen kann; auch Tagfalter fliegen oft mehrere Wochen lang eierlegend umher, viele Spinner aber wie die Saturniden und Gastropacha-Arten legen ihre Eier alle kurz hintereinander ab und sterben dann, und bei den

---

[1]) „Dauer des Lebens", p. 90.

Psychiden mit parthenogenetischer Fortpflanzung geschieht die Ausstossung der Eier unmittelbar nach dem Ausschlüpfen aus der Puppe, und der Tod folgt sofort nach, so dass das ganze Imago-Leben nur ein paar Stunden währt. Es wird Niemand einfallen, diese Kürze der Lebensdauer für die ursprüngliche Einrichtung bei den Schmetterlingen zu halten, so wenig als die Flügellosigkeit dieser weiblichen Psychiden; die Verkürzung der Lebensdauer liegt hier also klar vor.

Hat man nun aber das Recht, hier von einer lethalen Wirkung der Fortpflanzung zu reden? Gewiss wird man sagen dürfen, jene Insekten sterben an Erschöpfung, ihre Lebenskräfte sind mit dieser letzten Anstrengung der Eiablage, bei Männchen der Begattung verbraucht. Die nächste Ursache des Todes ist in der That die Fortpflanzung, die fernere und tiefere aber ist die **Normirung der Lebenskräfte auf die Dauer und die Leistungen der Fortpflanzungsperiode**. Dass dem so ist, zeigen am besten jene Spinnerweibchen, welche wie die Saturnien keine Nahrung im Imago-Zustand zu sich nehmen. Sie besitzen noch Mund und einen vollständigen Darm, aber keinen Rüssel mehr und sie nehmen weder einen Tropfen Wasser, noch irgend welche Nahrung zu sich; in schlafähnlichem Zustande verharren sie Tage, ja Wochen lang, bis die Begattung erfolgt ist, dann legen sie die Eier ab und sterben. Gewiss würde die Gewohnheit, nach Art der Schwärmer und Tagfalter Honig aus den Blüthen zu saugen, nicht in Wegfall gekommen sein, wenn nicht der Nahrungsvorrath, welcher vom Raupenleben her in Gestalt des Fettkörpers dem Schmetterling mitgegeben werden konnte, gerade genügt hätte, um das Leben bis zu vollendeter Eiablage zu erhalten. Der Verzicht auf Nahrungsaufnahme ist ein Beweis dafür, dass eine Dauer des Lebens über die Fortpflanzung hinaus hier nicht im Interesse der Arterhaltung lag.

Dass aber der Tod nicht nothwendig als Folge der Fortpflanzung aufzutreten braucht, beweist die bei den höheren Metazoën auftretende Involutions- oder Alters-Periode des

Lebens. Ich glaube es nicht gegen mich gerichtet verstehen zu sollen, sondern gegen die bisher herrschende Meinung, wenn Götte hervorhebt, dass "die Involutionserscheinungen nicht als allgemeine Todesursache der Thiere aufgefasst werden können", da ich ja selbst zuerst es ausgesprochen habe, "dass dem Tode durchaus nicht immer eine Involutions- oder Alters-Periode vorhergeht"[1]).

Zu einer eingehenden Erforschung der Ursachen, aus welchen diese Periode bei den höheren Metazoën eingeführt wurde, fehlt noch das Material, ja noch das allerroheste, denn wir wissen noch gar nicht, wo im Thierreiche sie zuerst auftritt, geschweige, dass wir genauer angeben könnten, um wie viel die fortpflanzungsfähige Zeit von der Lebensdauer überragt wird, und welchen Werth diese letzte Lebensstrecke des Individuums für die Existenz der Art hat.

In dieser Richtung werden wir wohl hauptsächlich die Bedeutung der Altersperiode zu suchen haben, und beim Menschen liesse sich ja auch Manches anführen vom Nutzen, den die längere Fürsorge der Aeltern den Kindern bringt, vielleicht auch von den Vortheilen, welche die Mitwirkung älterer Individuen auf die menschliche Gesellschaft, und damit auf die Steigerung ihrer geistigen Kräfte und mittelbar auf die Erhaltung der Art ausübt. Sobald man aber einen Schritt abwärts thut, nur zu den Affen hinab, so mangeln genaue Thatsachen, denn wir wissen nicht, wie alt Affen werden, noch wann ihre Fortpflanzungsperiode zu Ende ist, und werden es auch nicht so bald erfahren.

Ich breche hier meine Betrachtungen mehr ab, als ich sie schliesse, denn es liesse sich noch Vieles sagen über die hier berührten Verhältnisse. Immerhin glaube ich einige wichtige Punkte neu beleuchtet zu haben und möchte die Resultate der Untersuchung in die folgenden kurzen Sätze zusammenfassen:

---

[1]) Aufsatz I, p. 26.

1. Der natürliche Tod kommt allein bei den vielzelligen Wesen vor, die einzelligen besitzen ihn noch nicht; der Encystirungsprocess derselben ist einem Tode in keiner Weise vergleichbar.

2. Der natürliche Tod tritt zuerst auf bei den niedersten Metazoën (Heteroplastiden) durch Normirung sämmtlicher Zellen auf eine Generation und der somatischen oder eigentlichen Körperzellen auf beschränkte Dauer; später erst, bei den höheren Metazoën wurden die somatischen Zellen auf mehrere, ja viele Generationen normirt und das Leben verlängerte sich dem entsprechend.

3. Diese Normirung ging Hand in Hand mit der Differenzirung der Zellen des Organismus nach dem Princip der Arbeitstheilung in Fortpflanzungs- und in somatische Zellen und kam durch Selectionsprocesse zu Stande.

4. Das biogenetisches Grundgesetz gilt nur für die vielzelligen Wesen, auf die einzelligen findet es keine Anwendung; und zwar beruht dies einerseits auf der Fortpflanzung durch Theilung bei den Monoplastiden (Einzelligen), andererseits auf der durch die geschlechtliche Fortpflanzung bedingten Nothwendigkeit der Beibehaltung eines einzelligen Entwicklungszustandes bei den Polyplastiden (Vielzelligen).

5. Wie der Tod selbst, so beruht auch die kürzere oder längere Dauer des Lebens lediglich auf Anpassung; der Tod beruht nicht auf einer Ureigenschaft der lebenden Substanz, auch ist er nicht mit der Fortpflanzung nothwendig verbunden, oder gar eine nothwendige Folge derselben.

Zum Schluss mag der bisher nur zwischen den Zeilen versteckte Gedanke Ausdruck finden, dass auch umgekehrt die Fortpflanzung nicht erst mit dem Tode eingeführt wurde, dass sie vielmehr in Wahrheit eine Ureigenschaft der lebenden Materie ist, wie das Wachsthum, aus welchem sie hervorging, dass ohne sie Leben so wenig als etwas Dauerndes zu denken ist, als ohne die Fähigkeit der Nahrungsaufnahme und des Stoffwechsels. Das Leben ist aber ein dauerndes, nicht ein periodisch unterbrochenes; seitdem dasselbe in den niedersten Formen zuerst auf der Erde aufgetreten ist, hat es ohne Unterbrechung fortgedauert, nur seine Formen haben gewechselt, und alle Individuen aller, auch der höchsten Formen, welche heute leben, leiten sich in ununterbrochenem Zusammenhang von jenen niedersten und ersten ab; es besteht eine vollkommene Continuität des Lebens.

Verlag von Gustav Fischer in Jena.

Hatschek, Dr. Berthold, o. ö. Professor der Zoologie an der deutschen Carl-Ferdinands-Universität in Prag, **Lehrbuch der Zoologie.** Eine morphologische Uebersicht des Thierreichs zur Einführung in das Studium dieser Wissenschaft. Erste bis dritte Lieferung. Mit 407 Abbildungen im Text. 1888/91. Preis: 9 M. 50 Pf.

Hertwig, Dr. Oscar, o. ö. Professor der Anatomie und Direktor des II. anatomischen Institutes an der Universität Berlin, **Die Symbiose oder das Genossenschaftsleben im Tierreich.** Vortrag in der ersten öffentlichen Sitzung der 5. Versammlung deutscher Naturforscher und Aerzte zu Freiburg i. B. am 18. September 1883 gehalten. Mit 1 Tafel in Farbendruck. Preis 1 M. 80 Pf.

—— **Lehrbuch der Entwicklungsgeschichte des Menschen und der Wirbelthiere.** Dritte theilweise umgearbeitete Auflage. Mit 339 Abbildungen im Texte und 2 lithographischen Tafeln. 1890. Preis: broschirt 11 Mark, in Callico gebunden 12 Mark.

Hertwig, Dr. Richard, o. ö. Professor der Zoologie und vergleichenden Anatomie an der Universität München, **Lehrbuch der Zoologie.** Mit 568 Abbildungen im Text. Preis: broschiert 10 Mark, gebunden 11 Mark.

Kölliker, A. von, Geheimrat, Professor, **Der jetzige Stand der morphologischen Disciplinen** mit Bezug auf allgem. Fragen. Rede, gehalten bei Eröffnung der 1. Versammlung der Anatom. Gesellschaft zu Leipzig am 14. April 1887. Preis: 60 Pf.

Korschelt, Dr. E. und Heider, Dr. K., Privatdocenten an der Universität Berlin, **Lehrbuch der vergleichenden Entwicklungsgeschichte der wirbellosen Thiere.** Erste und zweite Lieferung. Mit 540 Abbildungen im Text. Preis: 20 Mark.
Die dritte Lieferung wird im Herbste 1892 erscheinen.

Lang, Dr. Arnold, Professor der Zoologie an der Universität Zürich. **Lehrbuch der vergleichenden Anatomie.** Zum Gebrauche bei vergleichend-anatomischen und zoologischen Vorlesungen. Neunte gänzlich umgearbeitete Auflage von Eduard Oscar Schmidt's Handbuch der vergleichenden Anatomie. 1. Abtheilung mit 191 Abbildungen. — 2. Abtheilung mit 193 Abbildungen. Beide Abtheilungen zusammen 10 Mark 50 Pf. Die dritte Abtheilung erscheint im September 1892.

—— **Ueber den Einfluss der festsitzenden Lebensweise auf die Thiere** und über den Ursprung der ungeschlechtlichen Fortpflanzung durch Theilung und Knospung. Preis: 3 Mark.

—— **Mittel und Wege phylogenetischer Erkenntnis.** Erste öffentliche Rede, gehalten am 27. Mai 1887 in der Aula der Universität Jena, entspr. den Bestimmungen der Paul von Ritter'schen Stiftung für phylogenetische Zoologie. Preis: 1 Mark 50 Pf.

—— **Zur Charakteristik der Forschungswege** von Lamarck und Darwin. Gemeinverständlicher Vortrag. Preis: 60 Pf.

Verlag von Gustav Fischer in Jena.

Mach, Dr. E., o. ö. Professor der Physik an der deutschen Universität in Prag, **Beiträge zur Analyse der Empfindungen.** Mit 36 Abbildungen. Preis 4 Mark.

Sohncke, Dr. Leonhard, ord. Professor der Physik an der technischen Hochschule zu München, **Gemeinverständliche Vorträge aus dem Gebiete der Physik.** Mit 27 Abbildungen im Texte. Preis: 4 Mark.
Inhalt: Was dann? — Ueber den Zustand und die Ziele der heutigen Physik. — Ueber Wellenbewegung. — Die Umwälzung unserer Anschauungen vom Wesen der elektrischen Wirkungen. — Aus der Molekularwelt. — Einige optische Erscheinungen der Atmosphäre. — Ueber das Gewitter. — Neuere Theorien der Luft- und Gewitter-Elektricität. — Wandernde Berge.

Stahl, Dr. E., o. ö. Professor der Botanik an der Universität Jena, **Pflanzen und Schnecken.** Eine biologische Studie über die Schutzmittel der Pflanzen gegen Schneckenfrass. 1889. Preis: 2 Mark 50 Pf.

Strasburger, Dr. Eduard, Professor an der Universität Bonn, **Das Protoplasma und die Reizbarkeit.** Rede zum Antritt des Rektorates der Rhein. Friedr.-Wilh.-Universität am 18. Oktober 1891. Preis: 1 Mk.

Tuke, D. Hack, M.D., F.R.C.P., L.L.D., **Geist und Körper.** Studien über die Wirkung der Einbildungskraft. Autorisirte Uebersetzung der 2. Auflage des englischen Originals von Dr. H. Kornfeld. 1888. Mit 2 Tafeln. Preis: 7 Mk.

Verworn, Dr. Max, Privatdocent der Physiologie an der Universität Jena, **Die Bewegung der lebendigen Substanz.** Eine vergleichend-physiologische Untersuchung bei Contractionserscheinungen. Mit 19 Abbildungen. Preis: 3 Mark.

—— **Psycho-physiologische Protistenstudien.** Mit 6 lithographischen Tafeln und 27 Abbildungen im Text. Preis: 10 M.

Vries, Hugo de, ord. Professor der Botanik an der Universität Amsterdam, **Intracellulare Pangenesis.** 1889. Preis: 4 Mark.

—— **Die Pflanzen und Thiere in den dunkeln Räumen der Rotterdamer Wasserleitung.** Bericht über die biologischen Untersuchungen der Crenothrix-Commission zu Rotterdam vom Jahre 1887. Preis: 1 Mark 60 Pf.

Ziegler, Dr. Ernst, Professor der pathologischen Anatomie und der allgemeinen Pathologie an der Universität Freiburg i. Baden, **Können erworbene pathologische Eigenschaften vererbt werden und wie entstehen erbliche Krankheiten und Missbildungen?** Preis: 1 Mark 20 Pf.

Ziehen, Dr. Th., Docent in Jena, **Leitfaden der physiologischen Psychologie in 14 Vorlesungen.** Mit 21 Abbildungen im Text. Preis: 4 Mark.